Le Boe 183

Renzo Arbore
presenta

V. Marsiglia & C. Missaglia

in

Come si ride a Napoli!

Piccola antologia della canzone umoristica antica e più moderna

B.C.Dalai *editore*
Editori dal 1897

www.bcdeditore.it e-mail: info@bcdeditore.it

ISBN 978-88-6073-763-2

INDICE

Prefazione *di Renzo Arbore* ... 7

PRIMA PARTE
I più importanti artisti della Macchietta

Introduzione *di Carlo Missaglia* ... 17
Ferdinando Russo ... 27
Vincenzo Valente ... 33
Nicola Valente ... 37
Nicola Maldacea ... 41
Pasquale Cinquegrana ... 44
Giovanni Capurro ... 46
Roberto Bracco ... 51
Rocco Galdieri ... 56
Ernesto Murolo ... 59
Aniello Califano ... 62
Salvatore Gambardella ... 65
Eduardo Di Capua ... 68
Veneziani Carlo ... 72
Egidio Pisano ... 73
Giuseppe Cioffi ... 76
Giuseppe Villani ... 78
Armando Gill ... 81
Ernesto Tagliaferri ... 86
Trilussa (Carlo Alberto Salustri) ... 90

Ettore Petrolini 93
Bernardo Cantalamessa 96
Totò 98
Ugo Ricci 101
Roberto Murolo 103
Libero Bovio 108
Eduardo Caliendo 111
Nino Taranto 115
Renato Carosone 122
Vittorio Marsiglia 125

SECONDA PARTE
Canzoniere 129

PREFAZIONE
di Renzo Arbore

Da qualche anno mi tocca recuperare generi e forme artistiche di straordinario valore che rischiano di essere dimenticati. Rischiano seriamente di essere del tutto tralasciati e di avviarsi verso un destino ingiusto. Il Novecento è stato un secolo di grande creatività, ma ha dovuto fare i conti con un enorme problema di natura soprattutto tecnica. La questione è che alcuni documenti di inizio secolo, e molti di quelli prodotti in un periodo durato fino agli anni Cinquanta, fino cioè all'invenzione e alla diffusione del «microsolco», non potevano tecnicamente sopravvivere, o comunque non riuscivano a conservarsi in maniera decorosa. Un autentico problema che ha compromesso la quantità di materiale giunto fino a noi e ha impedito che alcune opere fossero conservate come invece avrebbero meritato. Parlo di tutta la produzione, per esempio, della canzone popolare, che ha avuto come strumento soltanto il 78 giri e un sistema di registrazione che addirittura utilizzava le «trombe» e gli «imbuti». Ovviamente, per lo stesso motivo, anche generi musicali nobilissimi – come il primo jazz o come la musica folkloristica di tutto il mondo – hanno avuto un supporto inadeguato. Per questa ragione credo che sia doveroso per una persona come me, avanti negli anni e dunque in grado di ricordare i fasti di una musica straordinariamente importante – popolare e meno popolare, sofisticata e colta – darsi da fare per fornire alle generazioni successive queste opere grandi e piccole; che sono però lo specchio di un'epoca e certamente un prodotto della cultura, sia essa «alta», «bassa» o «media». Ma è chiaro che comunque di cultura si tratta.

La canzone popolare ha avuto questo problema da quando è stata inventata la discografia. La tecnologia del 78 giri permetteva di registrare un pezzo della durata di tre minuti, quattro al massimo. Per questo motivo, dalla tradizione precedente (e dunque dalla romanza), dalle arie d'opera, dalle ballate lunghissime cui era abituato il pubblico di allora, si è poi giunti alla canzone.

Nell'ambito della canzone «in generale», quella umoristica ha avuto un'importanza determinante. Non è affatto casuale che sia stata proprio una canzone umoristica a inaugurare la storia della discografia italiana. È vero infatti che la prima canzone italiana documentata, incisa su un supporto di vinile, vada attribuita a tale Bernardo (o Berardo, secondo alcuni) Cantalamessa. La sua incisione fu la famosa *'A risa*, ma questo Cantalamessa, piuttosto celebre ai suoi tempi, va anche considerato uno tra i primi macchiettisti di grande talento e grande fantasia. Pare che l'idea di incidere un pezzo su 78 giri gli sia venuta ascoltando qualcosa di simile che proveniva da un cantante nero americano. Resta il fatto che la primogenitura nel nostro Paese, in quanto a incisione su disco, resta tutta sua.

Sulla genesi della Macchietta, questo libro – scritto e cantato rispettivamente da Carlo Missaglia e Vittorio Marsiglia – è quanto mai eloquente. Nel senso che si comprendono perfettamente la genesi e le caratteristiche della Macchietta. Vengono continuamente fuori sia dalle canzoni e dalla mimica di Marsiglia sia dalle ricerche storiografiche fatte da Missaglia. È chiaro che la Macchietta si è rivolta a tutti i tipi di umorismo e di comicità ai quali, con ogni sistema, era possibile attingere. Qui ci sono il frizzo, il lazzo, il doppio senso, il senso unico, l'allusione. Ma ci sono anche il racconto, il risvolto, la trovata, e spesso una vera e propria sceneggiatura, costruita addirittura come se ci si trovasse di fronte a un piccolo film. Questa soluzione si ritrova in particolare in alcune canzoni umoristiche, e penso per esempio a *E allora*, un piccolo grande capolavoro di Armando Gill che pure l'immenso Roberto Murolo eseguiva meravigliosamente. Anche Armando Gill merita un importante primato in Italia. È certamente il primo che scriveva canzoni e poi le eseguiva, dunque il primo cantautore che l'Italia abbia avuto.

Tutte le risorse dell'umorismo italiano, napoletano specialmente, hanno contribuito a creare la canzone umoristica. Anche gli spunti dell'avanspettacolo e le trovate di quell'umorismo che normalmente viene definito «basso», miscelato all'umorismo più alto, anche la tradizione goliardica, anche la sofisticazione. Tutto è stato filtrato ed è poi giunto alla canzone umoristica e alla Macchietta. Del resto l'ambiente era eccezionalmente favorevole. Pensiamo all'atmosfera dei Café Chantant e dei Bar Tabarin, nati con le suggestioni che provenivano dalla licenziosa Parigi. Napoli inaugurò sul finire dell'Ottocento il suo Salone Margherita nella Galleria Umberto I. È qui che il sapore della canzone umoristica e della Macchietta viene fuori genuino e pieno della sua impertinente e incontenibile genialità. Pensiamo a quel pubblico composto soprattutto da ricchi signori che passavano al Café Chantant e al Bar Tabarin serate in cui volevano divertirsi, se possibile anche con un pizzico di trasgressione e in modo un po' salace. È qui che esplode il fenomeno delle soubrette e delle sciantose, ispirato ancora alle movenze osé del Can Can parigino. Erano questi i covi in cui allignava la canzone umoristica, e dove dunque razzolavano anche i grandi autori, accanto a eccentriche figure alla Ninì Tirabusciò.

Il primo Novecento è stato sicuramente un periodo fervidissimo per la creatività degli autori napoletani. Spesso le grandi firme delle più celebri canzoni napoletane, proprio accanto alle loro composizioni importanti - quelle poetiche e straordinariamente liriche - avevano un loro repertorio irriverente, un repertorio semiclandestino, pressoché segreto. Era fatto di poesie e di canzoni umoristiche che questi autori avevano il vezzo di riservare ai soli amici. Un repertorio che restava tuttavia di elevatissima qualità, e che quindi pian piano diventava inevitabilmente di pubblico dominio. C'è sempre stato il gusto, il piacere di spingersi in questo piccolo gioco che consisteva nel coprire musiche di un certo tipo con parole che erano addirittura parodistiche rispetto alla canzone seria e importante. E basta ascoltarle perché sia evidente a chiunque che molte di queste hanno anche una grandissima nobiltà, nel senso della scrittura musicale.

Tra gli autori citerò soprattutto Cioffi e Pisano perché non si può parlare della Macchietta e della canzone umoristica senza ricordare quelli che ne restano probabilmente i massimi esponenti, certamente i più prolifici. Hanno scritto canzoni bellissime anche dal punto di vista della musica, rivestendole spesso con parole umoristiche, con trovate veramente fantasiose e straordinarie. È a loro – in coppia o nelle avventure artistiche che hanno vissuto da singoli – che si devono successi strepitosi come *Dove sta Zazà?*, *Ciccio formaggio* e tantissimi altri di popolarità sconfinata.

Va ancora sottolineato l'assoluto pregio artistico di queste creazioni. Parliamo di materiale di primissimo ordine, il cui valore è stato spesso sottovalutato e trattato come un'«operina minore». Ecco, il libro che avete tra le mani rende giustizia alla qualità autentica di queste canzoni. Qui di «minore» non c'è davvero nulla. Anzi, ogni volta ci si imbatte in tesori di creatività e ispirazione straordinarie. L'idea di partenza dei pezzi era immancabilmente geniale. Non può davvero essere definita diversamente *M'aggia cura'*. Ho la tentazione di definirla quasi ispirata di un capolavoro assoluto come *Torna a Surriento*, un meraviglioso classico nato anch'esso in modo ingegnoso. Pare che il «torna» fosse rivolto alla partenza di un uomo politico locale eletto al Parlamento di Roma.

M'aggia cura' è, come tante altre perle del genere, l'apoteosi del doppio senso, un espediente letterario che va sicuramente rivalutato. Ce n'era uno più facile e volgare, adatto per essere servito al pubblico più incolto. Ma c'era anche un doppio senso più raffinato. Uno degli esempi illuminanti è nella famosa *Agata*. Nel testo, «lui» ricorda vecchie partite di carte giocate insieme a «lei», che però lo ha lasciato e che adesso è andata via. Da lì nasce il verso sublime: «Mo mme faccio 'o sulitario. Guardo in cielo e penzo a te!» Più creativo ed elegante di così...

Il giudizio su tutto ciò è destinato ai posteri. Di certo, questi gioielli sono tutt'altro che antichi e tutt'altro che robetta trascurabile. Basta metterli a confronto con le canzoni umoristiche della tradizione successiva. È facile emettere un verdetto di assoluta superiorità delle prime. È evidente il patrimonio di inventiva e grazia che contengono, hanno il segreto che le renderà per sempre piccole grandi opere d'arte.

Roberto Murolo è stato probabilmente il più grande raccoglitore di questo straordinario materiale. E con lui va citato anche Nino Taranto. Soprattutto grazie a lui ho imparato quanto sconfinato sia il valore poetico e artistico di queste canzoni umoristiche. Un pezzo come *'A casciaforte* può tranquillamente essere confrontato al repertorio straordinario di un Fabrizio De André o di un Giorgio Gaber, che restano forse i due più alti esempi di un certo modo di interpretare la canzone. *'A casciaforte* ha davvero una sua forza inimitabile, è uno dei più grandi compendi di una vita povera che sia mai stato scritto in forma di canzone, ed è il racconto delicatissimo di quanto semplice e profondo sia ciò che il protagonista ha voglia di racchiudere nella sua cassaforte. Prendiamo *Il Riccardo* di Gaber, altro grande ritratto di un mondo e di un clima. Non esito a paragonare *Il Riccardo* ai grandi personaggi contenuti nella galleria della migliore canzone umoristica napoletana.

Purtroppo, il lungo filo di questa tradizione ogni tanto si interrompe. Per fortuna ci sono giganti che periodicamente omaggiano il genere e un po' lo rinnovano. C'è stato nei decenni scorsi Renato Carosone che ha razzolato alla sua maniera in questi territori. Accanto alla struggente *Maruzzella*, Carosone ha tirato fuori dal suo sorprendente cilindro anche gioielli come la famosissima *Tu vuo' fa' l'americano*. Ebbene, qui parliamo di un capolavoro che continua a dipingere un'epoca, che raccoglie tutti coloro che sono vissuti tra la fine del fascismo e i giorni nostri. Carosone riesce finanche a ironizzare sull'eccessivo ossequio che cominciavamo a riservare al mercato, ma anche ai blue jeans e ai film targati Hollywood. *Tu vuo' fa' l'americano* è indiscutibilmente la fotografia di una generazione che vive coi jeans e che contemporaneamente impara a ragionare all'americana, secondo le regole del grande sogno d'Oltreoceano: chi è più ricco è più bravo. Una filosofia che è strettamente legata alla mentalità degli States. E sia chiaro, lo dico da filoamericano e da appassionatissimo frequentatore di una cultura – musicale, cinematografica, letteraria – che dal dopoguerra è giunta da lì fino a noi.

Questo volume e il dvd ci mettono perciò di fronte a una antologia di canzoni che vanno rivalutate, singolarmente e in quanto genere. Si tratta di materiale che va necessariamente inserito nel portfolio (ora pare che si debba dire così) del futuro, tra i grandi capolavori dell'arte del Novecento. Accanto al rock e al jazz, che certamente rappresentano i generi più significativi e creativi del secolo appena passato. Mi piace sottolineare un altro aspetto che testimonia il valore assoluto di questa canzone umoristica: la sua meravigliosa libertà. Possiamo parlare di «canzoni libere», perché siamo costretti a rimpiangere la leggerezza e l'autonomia di cui disponevano i loro autori e interpreti, del tutto svincolati dalle ossessioni del mercato discografico. Insomma, uno degli ultimi grandi esempi dell'arte per l'arte.

In una qualsiasi cantina napoletana, senza condizionamenti

di alcun tipo, l'ispirazione nasceva e si fissava su un foglietto un po' sgualcito. Poteva venir fuori da un pettegolezzo, da un sentito dire, da una situazione appena vissuta o un personaggio da poco incontrato. Una modalità che ha saputo generare uno dei più fruttuosi esempi di matrimonio tra cultura alta e cultura popolare. Del resto, che la cultura sia rappresentata dalla canzone umoristica non è un fenomeno soltanto italiano o dell'universo napoletano. Ho conosciuto processi dello stesso tipo in Paesi come il Portogallo, a Lisbona ho ascoltato gli stessi temi trattati con un registro analogo. Mi è capitato di sentire qualcosa di simile anche in Messico e a Cuba. Dobbiamo immaginare che il genere sia sbocciato e prosperato proprio nei «Paesi del sole»? Forse sì.

Il Cicerone
Versi di F. Russo
Musica di A. Calzelli
Tempo di Gavotta
MANDOLINO
Lo stesso tempo
D.C.
Nicola Maldacea nel suo repertorio N. 132 A
Chiedere catalogo cartoline Bideri.- Napoli

PRIMA PARTE

I più importanti artisti della Macchietta

'O prufessore 'e scherma
Versi di Mimì Albin
Musica di G. Tinto
Largo
Chiedere catalogo cartoline Bideri - Napoli
N. 120 A
Nicola Maldacea nel suo repertorio

INTRODUZIONE
di Carlo Missaglia

«Or sono molti anni, dall'inizio della sua carriera di dicitore, Nicola Maldacea canticchiava con singolare espressione, le canzoni del tempo, *Lariulà*, *Oilì oilà* e altre; ma non tutte, per mancanza quasi assoluta di un volume - e direi meglio: d'un volumetto - di voce, poteva egli esibire quella mirabile efficacia che lo ha fatto diventare celebre.

Le canzoni, sia pure ben scelte e adatte alla vostra piccola voce, non sono per voi, gli dicevo una sera, dopo il suo debutto che fu nondimeno una rivelazione, al "Salone Margherita", voi avete bisogno di un repertorio speciale, fatto di cose che non siano la vera e propria canzone.

E gli spiegai in cosa consistesse questo repertorio; e per la prima volta gli parlai della Macchietta: la Macchietta era, per me che l'avevo ideata, una canzonetta appena cantata e un po' sussurrata che serbando tutto il carattere napoletano, doveva delineare tipi, non sospirare d'amore; e questi tipi, curiosi, comici o grotteschi, dovevano essere scrupolosamente interpretati.

Maldacea questo poteva farlo prodigiosamente, e avrebbe così dato un nuovo genere di composizione, più importante della canzone perché di contenuto psicologico, e appena bisognevole di un tenue commento musicale che non superasse il suono della voce, sì da lasciare emergere, in tutta la espressione più efficace e sostanziale, la qualità singolare del dicitore, cioè l'incarnazione, presentata al pubblico, di un tipo della vita.

"E chi me le farebbe queste macchiette?"
"Io."
Così sorsero le primissime macchiette...»
Ferdinando Russo, «La Tribuna», 18 Agosto 1925

Questa la linea guida, il tracciato che bisogna seguire nel momento in cui si vuole trattare l'argomento «Macchietta». Non canzone comica, buffa a doppio senso, né canzone allegra o spinta, ma solo Macchietta. Un genere, questo, al quale bisognerà restituire tutta la dignità, la rispettabilità, il riguardo che si deve a una forma d'arte nata dal genio di un grande poeta e non da avvinazzati frequentatori di cantine, con tutto il sincero rispetto che ho per loro. La Macchietta è la summa di tutte le caratteristiche sopra citate, ma ha come base la satira, sia essa di costume, politica o quel che si vuole, ma satira. Stabilire cosa essa sia, i confini che la delimitano, la parola che usa, è un compito arduo per chiunque, anzi lo è sempre stato. Non sarò quindi io da solo, Carlo Missaglia, a farlo, ma mi farò aiutare da quegli autori che hanno portato avanti questo genere con dignità, senza cadere cioè in beceraggini di cui pur dimostrarono, in momenti diversi, di essere «poeticamente» capaci. Se vi capiterà di leggere *L'inferno nella poesia napoletana* (Edizioni del Delfino), a cura di Angelo Manna, apparirà evidente la verità di quanto ho affermato.

«Io mi ero promesso», scrive Maldacea nelle sue memorie, «di portare sulle scene i tipi umani più interessanti e più significativi della mia città natale... Più che un canzonettista io ero attore che cantava, e alla mia qualità di attore tenevo moltissimo. Invece di cantare, invece di accennare il motivo, consideravo la musica un accompagnamento alle parole, un commento; e mi preoccupavo di dire, colorire, rendendo il tipo meglio che potessi... Non a caso ho adottato la parola colorire. Come il pittore, come il disegnatore, mi ripromettevo di dare al mio pubblico una impressione immediata, schizzando il tipo, segnandolo rapidamente, rendendone i tratti salienti. Da ciò l'origine della parola "macchietta", che è propria dell'arte figurativa, schizzo frettoloso, che rende con poche pennellate un luogo o una persona, in modo da darne un'impressione efficace, con la massima spontaneità. Con la macchietta satirica volli io portare sulle scene del teatro di varietà una specie di impressionismo artistico, che aveva avuto origine tra le quinte del teatro di prosa.»

Ho voluto riportare integralmente queste due versioni: per dare al lettore il punto di vista sia del più rappresentativo autore di macchiette, Russo, sia quello dell'interprete riconosciuto quale numero uno nel genere, Maldacea. Non voglio stabilire, qui e ora, a chi accreditare la primogenitura della Macchietta (a mio avviso è storicamente accreditabile al Russo e ne avrei un'idea ben precisa e documentata). Punto invece a individuare i canoni di scrittura e di interpretazione. Attraverso questo percorso si capirà che essere un *macchiettista* non è cosa disdicevole o volgare, come oramai si vuole etichettare chi si esibisce in questo genere, ma un artista con doti elevate di comunicazione, poliedricità e sintesi. La parte nobile, quella che viene dalla tradizione, è l'essenza stessa del genere: la Satira. È questo il nucleo centrale della Macchietta, quel lato critico che attraverso il «paraustiello» (para usted) nei secoli è riuscito a mettere in risalto il lato paradossale, caratteristico, peculiare degli esseri umani. Nel tempo, molti hanno adottato questo metodo di osservazione critica, a partire da poeti latini come Lucilio, che sembra essere stato il primo ad aver fissato i canoni costitutivi della poesia satirica. Almeno a sentire Orazio, altro grande poeta dell'antichità. L'opinione di Quintiliano è che la satira sia un genere prettamente romano, italico. L'osservazione critica caricaturale, quindi, appartiene prioritariamente ai popoli meridionali, proprio come lo humour è invece un'attitudine dei Paesi del Nord: si adatta al loro spirito, mentre agli altri popoli riesce invece aspro e amaro. Lo humour non ha la spada del guerriero, la bacchetta del direttore d'orchestra o gli speroni del cavaliere. Batte e colpisce a caso, non ha di fronte l'individuo, questa o quella volgarità; ma la follia umana, quella sì universale. Quintiliano sostiene che la satira (*satura lanx* è un'insalata colorata contenente vari ingredienti) «è quella manifestazione di pensiero talora di altissimo livello che nei tempi si è addossata il compito di "castigare ridendo mores", ovvero di indicare alla pubblica opinione aspetti criticabili o esecrabili di persone, al fine di ottenere, mediante il riso suscitato, un esito finale di carattere etico, correttivo cioè, verso il bene».

Nella letteratura, già in passato, venivano messi alla berlina personaggi, comportamenti, usi e costumi. La satira è da sempre scherno e non ha mai risparmiato alcun campo, da quello politico a quello clericale, a quello sportivo, tanto per citarne alcuni. La razza, il clima, le condizioni storiche, il temperamento dei poeti e degli scrittori, contribuiscono a produrne il singolare fenomeno; ma come per tutte le cause complesse, non possono essere investigate con un criterio assoluto, quasi fossero elementi chimici. Se presso alcuni popoli prevalse e si consolidò, non vuol dire che ciò sia un privilegio di loro sola appartenenza. Lo spirito umano non ha blasoni; ma le circostanze concorrono a tramutare quella forza di osservazione in determinate forme. Nella società umana avviene come nella formazione della specie: se vedi che un organo si sviluppa devi presupporre che vi sia una cellula informatrice; solo ciò che è meccanico può evolversi in funzione di ingranaggi, ruote e congegni. Il satirico non s'innamora delle sue cose, sia perché la curiosità lo distoglie da quel sentimento sia perché l'osservazione gli fa vedere il lato comico della passione. Egli è idealmente libertino o cenobita, o sia l'uno sia l'altro a seconda dei casi. E resta colpito, si fa coinvolgere dalle fantasmagorie, adora ciò che tracima dalla normalità.

Prendiamo ad esempio quel tale che si accorge, dopo avergliene fatte di tutti i colori, di amare la moglie, ma solo quando essa non c'è più, quando diventa un ricordo e s'ingrandisce e prende una forma adattata, in mezzo agli altri fantasmi di quella storia. «Come vorrei rivederla», dice, «come vorrei esternarle la mia assoluta fedeltà, lei non lo ha mai saputo né capito.»

Nel breve excursus sulla genesi della satira come capostipite di questo genere son venute in evidenza le sue nobili origini: Lucilio, Giovenale, Orazio. Avrei anche potuto scrivere dei collegamenti con Dante, Petrarca, Boccaccio, o anche con quei poeti e scrittori appartenenti alla tradizione satirico-moralista europea: da Ariosto a Parini, da Alfieri a Hugo e Carducci.

Ho tenuto a sottolineare questi brevi richiami letterari per cercare di rimettere le cose a posto, nel senso di restituire nobiltà a questo genere che, caduto preda dei soliti guastamestieri, divenne becero, tanto che lo stesso essere macchiettista fu declassato a mestiere di seconda classe, adatto alle bettole e alle feste di piazza, ma di quelle scadenti. La ve-

ra essenza la si può scorgere se si ascoltano quelle macchiette che ebbero come autori veri poeti e veri musicisti. Già nel 1500 ci sono villanelle che hanno in sé i prodromi di quello che, codificato da Ferdinando Russo, divenne ciò che ci è stato degnamente presentato da interpreti di vaglia, i quali ne compresero l'essenza e il valore storico e artistico, come Giovanni Tommaso Di Majo*.

Io pastinai li frutti ed altri coglie
Altro vennegnia, ed io fatich' invano
Io non ce trovo mai cim' a le foglie
Chi m' ha redutto ad esser ortolano.
Non sia chi creda piu' a sto munno fauzo,
Altro n' e' ricco ed io spogliato e scauzo.

Io curai gli alberi e altri ne colsero i frutti/Altri vendemmiano l'uva che io ho coltivato/Nell'orto l'insalata/non trovo mai quella più tenera/Perché sono stato costretto a fare l'ortolano/Io non credo più a un mondo falso e mendace/Gli altri si sono arricchiti e io son rimasto senza abiti né scarpe.

Versi composti nel lontano 1546, ma che, se attualizzati nel linguaggio, sarebbero ancora oggi assimilabili a tantissimi casi: c'è chi semina e c'è stato, c'è e ci sarà chi ne approfitta per raccogliere il frutto di quel lavoro.

A una prima analisi questo brano potrebbe sembrare solo il

* Giovanni Tommaso Di Majo (Napoli 1498 - Napoli 1563). Le sue prime composizioni sono contenute in un libro *stampato in Napoli per Joanne Antonio de Laneto de Pavia ad istancia de Ioanne baptista de Primartini da Bolognia*, il 9 ottobre 1519. Scrive un libro di Villanelle alla Napolitana edito da Gardane in Venezia nel 1546, che contiene trenta brani che mettono in risalto la sua spiccata personalità creativa. È organista della chiesa dell'Annunziata in Napoli.

lamento di un derelitto, ma se lo si esamina con maggiore attenzione allora sì che se ne percepisce il lato satirico, l'attacco alla società nel modo più classico della satira: ridicolizzando cioè se stesso.

Songo li femmene
comme a lo mare,
comme a lo mare
songo li femmene,
tu le puo' dare
chello che buo',
ca non c'è taglio,
ne maje so' sazie,
ne maje so' sazie
de te spenna'.
E po' a lo quatano
si vuo' venire,
le siente dire
ca nun se po'!
nun se po', nun se po'!
E accussì mummia
faglio de faglio,
strutto, asciutto,
haje da resta'!
strutto, asciutto,
haje da resta'!
ha, ha, haje da resta'!

Le donne sono come il mare//Puoi dar loro tutto ciò che vogliono/ma non trovano mai ciò che desiderano/E non sono mai sazie/fino a ché non ti hanno portato alla miseria. E quando poi si viene al dunque le senti dire che non è possibile! E così resti come una mummia, nulla di nulla, distrutto, rinsecchito devi rimanere!

Ecco un brano composto dal grande Luigi Vinci*, uno dei massimi esponenti della scuola operistica napoletana.

Anche in questo caso sono evidenti le forme della satira: le donne sono come il mare (vanno e vengono), puoi regalare loro di tutto: non soddisferai mai le loro richieste, non sono mai sazie di quanto hanno ricevuto, almeno fino a quando non ti hanno «spennato» del tutto. Quando poi si giunge finalmente al dunque (quatano = quantum) allora cambia la scena e vengono fuori le scuse, spiegano che in quel momento non si può, che non è possibile, e aggiungono tutte quelle invenzioni di cui la donna è maestra quando non vuole concedersi. E tu? Tu resti mummificato, senza parole, nulla di nulla (*faglio de faglio*) distrutto e senza soldi. A Napoli si usa dire *straccuo, strutto e o c...* (leggi «fondoschiena») *rutto.* Anche in questo caso è il proprio io che viene mortificato. Al protagonista, vittima passiva, resta solo la mente che può guardare dal di dentro il fatto ed evidenziarne il lato satirico.

Tre sciarman mademoiselle, presso a vu sce sui' torne';
O in fiacre o in lanzetella, monde e mar tutto ho gire'.
Bien vedette scios rare, bocu ho fatto ed apprene':
Si oblisciante a moi sare', belle e bon vo fo' sape'.
Mmiezo puorto e a lu pennino, cu plesir ho badine';
Lo trecalle e lo carrino, se n' e' ghiuto a mio malgre'.
Pe Pozzuolo ho viagge' de la villa al marsce a pie',
Le sceval m' a fet tombe'; bel e bon ve fo sape'.

* Luigi Vinci (Strongoli 1690 - Napoli 27 Maggio 1730). Studia al Conservatorio dei Poveri di Gesù Cristo di Napoli. La sua breve ma intensa vita la trascorre tra la Real Cappella, di cui è vice Maestro, e il gioco. Scrive molte opere buffe, addirittura dieci in due anni. Compone anche opere liriche, il suo librettista preferito è il Metastasio. È ritenuto l'innovatore più prestigioso della musica di quell'epoca. Il vizio del gioco però lo riduce in condizioni talmente misere che per il suo funerale le spese sono sostenute da un'anonima benefattrice. Muore giovanissimo, ad appena quarant'anni.

Co li belle del Mandracchio, ballai Polka e Padedu'.
a la mmorra e al piriquacchio, ho tusciur aimme' perdu'!
Gran supe d' erve sbattu', fave e cicere ho dine'.
Mo me voglio arrepuse': po cchiu' roba fo sape'.

Donne belle e accattivanti finalmente sono ritornato/Ho girato tutto il mondo in carrozza o in barca/Vidi da vicino le cose più rare, molto ho fatto e appreso/Se sarete attente ve le farò conoscere/Giù al porto ed al Pendino (quartiere di Napoli, N.d.A.) piacevolmente ho cazzeggiato/I soldi mio malgrado li ho sperperati/Ho girato tutta Pozzuoli dai quartieri alti ai bassifondi/Il cavallo mi ha fatto cadere, con calma vi racconterò tutto/Con le donne giù al porto ballai la Polka e il passo a due/E ai giochi di carte ho sempre perduto!/Ho mangiato grandi minestre, con favette e ceci/Però ora voglio riposarmi, e poi vi farò sapere il resto!

Lu franzese de lo mandracchio scritta nel 1856 da Raffaele Colucci* e Luigi Biscardi** è il titolo di questa macchietta. Un

* Raffaele Colucci, nato a Napoli nel 1822. Poeta, scrittore, collabora all'«Omnibus». Come commediografo è autore di famose opere teatrali rappresentate nei maggiori teatri cittadini e non solo. Stimato da tutti, è dirigente nella società Autori Drammatici. Scrive molte canzoni con lo pseudonimo di Errico Gianni. Mi piace ricordare *Don Ciccio alla fanfarra* che all'epoca raggiunse lo stesso successo di *Te voglio bene assaje*. Nel 1878 viene nominato direttore della biblioteca Cuomo. Divenuto paraplegico per una malattia, è costretto a ritirarsi. Di Giacomo lascia una descrizione straziante di lui. Finisce i suoi giorni nell'ospedale degli Incurabili.

** Luigi Biscardi (Napoli 1804 - 1876). Maestro di pianoforte e compositore allievo di Zingarelli. Non molto si conosce della sua vita privata se non che sembra aver abitato in Napoli in via Chiaia 138. Autore molto fecondo, di espressione popolare, contende il palmares della musica popolaresca a un suo contemporaneo, Pietro Labriola. Si avvale della collaborazione di validissimi poeti quali Domenico Bolognese, Marco D'Arienzo, Raffaele Sacco, Michelangelo Tancredi.

bell'esempio di satira di costume. L'autore rappresenta quel genere di persone che appena mettono il naso fuori dalla propria città, vogliono che tutti gli amici ne siano partecipi. Ecco allora che li si sente ostentare l'accento del paese visitato, saturandoti con la loro ossessione. Veri e propri tipi di macchiette, intese nel senso più completo del termine, incarnate in questo caso da un sedicente «sciupafemmene» che mescolando un improbabile francese al dialetto, racconta le sue avventure.

Ci siamo così avvicinati al nostro momento, il momento topico, quello in cui Ferdinando Russo e Nicola Maldacea si trovarono. Fu proprio da questo fortunato incontro tra un grande poeta, Russo, e un ottimo interprete, Maldacea, che nacque uno dei generi musicali fra i più seguiti. «Io attore», scrive Maldacea, «mi avvalevo per le mie interpretazioni dell'opera del poeta e di quella del musicista; e davo a essi il mio personale contributo perché la fusione artistica fosse completa, possibilmente perfetta.»

La Macchietta ha infatti bisogno di un tipo di accompagnamento musicale, diverso da quello che generalmente viene usato per la canzone. Fu necessario allora che il Russo si affidasse a un musicista con un'ampia e diversa visione del mondo musicale, qualcuno che riuscisse a inventare quel tipo di accompagnamento che sapesse tener conto e valorizzare le doti dell'interprete. Proprio così, prima dell'interprete, e solo dopo dell'autore stesso del testo. Il caso volle che nell'eccellente schiera di musicisti che orbitavano in quella fortunata stagione intorno al pianeta della canzone napoletana, ve ne fosse uno il cui equilibrio musicale si inseriva perfettamente nella linea e nelle esigenze sia del Russo che del Maldacea. Questi fu Vincenzo Valente.

Mi voglio però, ora, astenere dal consegnarne la primogenitura definitiva, l'invenzione, all'uno o all'altro, ma intendo indagare su quali frutti l'incontro produsse.

FERDINANDO RUSSO (1866-1927)

Ben altri spazi occorrerebbero per poter descrivere l'attività di questo grande poeta. Mi limiterò quindi a descrivere solo i fatti più salienti della sua vita. Nacque a Napoli il 25 novembre del 1866. A 21 anni (1887) giunse la consacrazione in casa De Zerbi, nobile napoletano che per puro caso aveva letto la magnifica *Scetate* sul marmo di un tavolino del Caffè Gambrinus. Venne così introdotto nella migliore società ed ebbe modo di frequentare le più alte personalità dell'epoca. Amico di Emile Zola, lo portò su sua richiesta a visitare i bassifondi napoletani, avendo il grande scrittore francese l'intenzione di scriverne in un romanzo. Diresse varie case editrici, le più importanti delle quali furono la tedesca Polyphon e la lungimirante Vela latina che, per prima, pubblicò alcune pagine del nascente futurismo italiano. Ispettore del Museo Archeologico di Napoli, fu anche un grande studioso di cose antiche. Scrisse un magnifico saggio su Giulio Cesare Cortese*, nel quale contestava la tesi di Benedetto Croce che riteneva fossero tre i poeti popolari napoletani del Seicento: Basile, Cortese e Sgruttendio. Seguendo la tesi del Minieri-Riccio dimostrò proprio con quel saggio che il Cortese e lo Sgruttendio erano in realtà la stessa persona. Carducci definì il Russo «il moderno Poliziano, il continuatore della poesia

---

* Giulio Cesare Cortese (1570ca -1640ca). Il saggio si intitola *Il Gran Cortese*. Note critiche sulla poesia napoletana del Seicento, pubblicato dalla casa editrice Modernità, Roma 1913.

eroicomica del Pulci e del Forteguerri». Si deve a lui, e a Salvatore Di Giacomo*, se la canzone napoletana ha avuto una dignitosa collocazione nel gran consesso dell'Arte. Comunque sua fu la prima macchietta interpretata dal Maldacea, *L'elegante*:

La sera vado al circolo
Il giorno a via Caracciolo,
sono il conte Mammocciolo
y de cavaturaccioli.
Non bado, sa, allo spicciolo,
mille, duemila, che!...
Sono sciocchezze, inezie!
Oh! Ciao, addio, Marchè!...

Quanto le macchiette fossero pungenti, sprezzanti, sarcastiche, demolitrici e caustiche, nei confronti anche delle istituzioni, lo dimostra l'avventura giudiziaria che nel 1898 vide coin-

---

* Salvatore Di Giacomo (Napoli 1860 - 1934). È l'innovatore della canzone napoletana. «Al suo apparire, l'anima paesana agonizzante nell'adipe abbondantissimo di una retorica triviale e goffa; andò per case e piazze e chiassuoli, e in quelli ambienti respirò aria muffita, ma scorse una selva inesplorata di sentimenti, appena intuita, più che avvistata, da Verardiniello e da Marco d'Arienzo; intese il poeta tutta la bellezza di un'opera di epurazione e di esplorazione: ossigeno e indagine; e a quella si accinge, armato di buona volontà e di sola cultura.» Così dice di lui Aniello Costagliola. Di Giacomo studia medicina, ma l'impatto cruento con le ferite sanguinanti lo fa desistere. Decide allora di dedicare tutto se stesso a Napoli e alle sue espressioni artistico-letterarie. Diventa quindi autore di poesie, canzoni, libretti per opere teatrali e saggi storici e di costume. Nel contempo è bibliotecario in una sezione della Biblioteca Nazionale di Napoli, la Lucchesi-Palli. Ha toccato il vertice della sua carriera con la nomina ad Accademico d'Italia nel 1929 e con l'inserimento delle sue poesie nelle pagine della letteratura italiana. Lui e Ferdinando Russo si contendono la palma di miglior poeta napoletano.

volto Ferdinando Russo per aver scritto *'O pezzente 'e San Gennaro*, una macchietta con cui dava voce allo sfogo di un ricco possidente ridotto in miseria e ricoverato all'Ospizio di San Gennaro dei Poveri. Il Russo riassunse in versi quella storia e, dopo aver appurato che il fisco del nuovo Stato italiano aveva davvero portato via tutto al poveretto, continua così nel suo racconto poetico:

Da tanno nun potette capì niente,
stette vint'anne int'a na pazzaria
e mo m'hanno mettuto int'e pezziente.

Da quel giorno non mi riuscì di comprendere alcunché/Sono stato vent'anni al manicomio/E ora mi hanno portato all'ospizio dei poveri.

Maldacea li rappresentò, Vincenzo Valente li musicò e Russo ricevette un mandato di comparizione con conseguente procedimento penale: con l'accusa di offesa alle istituzioni. Il quotidiano napoletano «Il Mattino», che li pubblicò il 29 agosto del 1898, fu sequestrato per ordine del procuratore del Re.

Ne ho verificato il racconto scritto dallo stesso Ferdinando Russo.

«Anni or sono mi buscai nientemeno un processo, per un altro tipo di popolano che fu oggetto di mio studio: *'O pezzente 'e San Gennaro*. Questo pezzente, dell'Ospizio di San Gennaro, extra moenia, era un giorno seduto, fumacchiando, nei giardinetti di Piazza Cavour. Mi sedetti accanto a lui e lo feci parlare. Segnai le sue escandescenze ed i suoi pianti nel mio taccuino, ne ricavai una macchietta popolana, ed ebbi l'idea di pubblicarla nel "Mattino". Il "Mattino" fu sequestrato, con un'ordinanza del procuratore del Re, De Marinis. Vennero gli agenti nella tipografia del giornale, buttarono all'aria i caratteri, fu aperto procedimento contro di me, per offesa alle istituzioni! E il giorno dopo, nel medesimo "Mattino", Edoardo Scarfoglio pubblicò un articolo di fondo, intitolato: *Il terribile anarchico Ferdinando Russo*. Chiamato innanzi al giudice istruttore cavalier Lopes, con mandato di comparizione, io m'inerpicai ridendo per le smussate scale del vecchio monastero di donn'Albina, ove s'annidava come un pipistrello la Giustizia, e feci la mia deposizione:

"Perché avete scritto quella Macchietta?"

"Perché d'ordinario mi diverto a scriverne."

"Ma come?"

"Sì, mio Dio! È un gusto come un altro! C'è chi si ficca le dita nel naso, chi gioca al Lotto, chi manda lettere d'amore alla zia monaca per avere una sfogliatella e dieci lire... Io scrivo Macchiette..."

"Avevate, scrivendo quella, l'intenzione di offendere etc. etc. etc.?"

Fui quasi tentato di rispondere sì, tanto mi pareva balorda la cosa. Per fortuna il magistrato era una persona di spirito, oltre che essere una persona intelligentissima. E l'avventura finì, come diciamo noialtri napoletani, *a vrenna*...

Sennonché... non finì completamente. Ebbe una coda di balordaggini poliziesche. Quando Nicola Maldacea, innamorato del tipo, volle interpretarlo con un commento musicale - e fu una delle più forti sue creazioni - la Pubblica Sicurezza intervenne, a Napoli a Roma e credo pure altrove. La macchietta dovette essere modificata; il ritornello, che invocava Francischiello, andava cambiato. Ma il pubblico andava ugualmente in visibilio per Maldacea, quando lo sentiva borbottare con la voce tremante:

Tanno 'e pezze 'e tenevamo pe niente,
e mò 'e tenimmo...nfaccia a li cazune!

Le prime quattro strofe di questo mio poemetto, sotto il titolo: *'O marenaro 'e Santa Lucia*, diedero l'ispirazione a Peppino Villani d'interpretarne il tipo. Egli è riuscito a fare opera d'arte superba. Truccato da vecchio pescatore luciano, si presenta ai pubblici, che lo ammirano; ma poiché in quelle prime quattro strofe non vi è alcuna allusione politica, egli non è stato molestato dalle Autorità. Forse sarebbe stato buttato a marcire in una tetra prigione se non si fosse limitato a quelle, o avesse scelto altre strofe più piccanti».

La reprimenda di Maldacea era diretta contro il «Prefetto dei Prefetti» Giannetto Cavasola, che già aveva ordinato all'artista di astenersi dal cantare *U sciuglimiento d' 'u corpo,* e *'A Guardia nova,* entrambe di Ferdinando Russo. L'articolo si concludeva, e vale la pena evidenziarlo, così: «Egli, il Cavasola, come confessava Walter Mocchi in una lettera all'"Avanti!", è molto benigno coi socialisti e pieno di amorosa deferenza pel capo del partito repubblicano Giovanni Bovio, ha scoperto in Ferdinando Russo un pericolo terribile per lo Stato e lo polverizzerà. Che importa se, nel compimento di questo grande e spaventoso dovere, un'immensa risata debba risonare da un capo all'altro d'Italia, accompagnata dai putipù e dagli scetavajasse della Piedigrotta imminente?»

Riporto solo alcuni degli oltre cinquanta titoli di macchiette che il Russo scrisse per Maldacea: *Pozzo fa 'o prevete*, *Il Cicerone, 'A romanza d' 'o quart'atto, 'O pumpiere do teatro, 'A primma donna, Don Frichino, 'O Cantastorie, Il Mastro, 'O cocchiere 'e cuppè, 'O cacciatore, Il museo vivente.*

Tutte le cose che hanno successo, trovano subito truffatorelli che ne fanno imitazioni. Questo capitò anche a Ferdinando Russo, del quale furono messe in giro brutte imitazioni. Così egli si risentì, chiedendo alla stampa di pubblicare quanto segue:

La bugia.

Ricevo e pubblico:

Caro *gibus*,

fammi il piacere di pubblicare, che si vanno inerpicando su pei *trams*, più spesso a piazza Municipio, certi straccioni che offrono per uno o due soldi, libercoli farciti di bestialità dialettali; e per venderli gridano, sotto il muso dei passeggeri, il mio nome. Ora io non sono ancora giunto fino a questo, e però prego il pubblico di non comperare per roba mia quella che offrono, malamente sfruttando quel poco di popolarità di cui godo,

Tuo,
FERD. RUSSO

Russo morì il 30 gennaio del 1927, lasciando sulla scrivania i primi due versi di una nuova canzone: *Napule ride int' 'a 'na luce 'e sole, chiena 'e feneste aperte e d'uocchie nire.*

Sul quotidiano «Il Mezzogiorno» queste le parole di Salvatore di Giacomo: «O mio caro, amatissimo Ferdinando, addio dunque: addio, fratello mio generoso e buono; addio, sincero amico, eterno fanciullo a cui sorrise l'eterna poesia».

VINCENZO VALENTE (1855-1921)

Vincenzo Valente fece parte di quella schiera di uomini divenuti illustri che si formarono a Napoli, ma che provenivano da una delle tante province del Sud Italia, Corigliano Calabro, una cittadina affacciata sul magnifico mar Ionio, per molti ancora il «Regno delle due Sicilie».

Era nato il 21 febbraio del 1855. Trasferitosi con la famiglia a Napoli, mostrò subito un grande interesse per la canzone napoletana che non aveva ancora avuto quella svolta che la caratterizzerà a partire dal 1880. Scoprì di avere una forte inclinazione alla composizione melodica, tanto che a soli quindici anni compose la sua prima canzonetta, *Ntuniella*, diminutivo di Antonia. Chi lo seguiva nella sua formazione si rese conto delle grandi potenzialità di quel ragazzo che fu mandato allora a studiare armonia e composizione col maestro Pappalardo. Fu così che dovette accostarsi alla composizione classica, alla musica da camera e, com'era in uso all'epoca, anche ad alcune Messe liturgiche. La sua vocazione autentica però era sempre quella di canzoniere. Iniziò quindi questo suo percorso, tutto napoletano, nel modo migliore, accompagnandosi ai grandi poeti del momento. A 26 anni, si era nel 1881, scrisse con l'usciere Stellato (quello di *La cammesella*) *Scinne, scì sta cazettella*. Ne seguì una dura polemica con Mormone, critico musicale del «Roma», che aveva definito quella canzone un po' volgare. Tutto questo cancan fece sì che venisse notato dal grande circo della canzone napoletana. Ma la vera occasione si presentò quando gli fu proposto di musicare, per la Piedigrotta del 1883, un brano di Salvatore Di Giacomo, *'A capa femmena.*

La poesia di Di Giacomo era delle più argute. La prima parte diceva:

Che sfarzo caspita, che tulettona!
sciabbò, sciammeria, nocche e fisciù
Ntunè staie propeto simpaticona
si 'a capa femmina ma nun si tu!

Che sfarzo accidenti, che bella mise!/colletto di merletto, marsina, nastri e scialle/Antonia sei proprio simpaticona/sei la prima delle donne ma non sei tu!-

Il successo lo raggiunse subito: pieno, completo. Con *'A capa femmena* la voga della canzone caratteristica crebbe con una progressione rapidissima. La si cantava dappertutto, tutti la chiedevano. Ma un bel giorno sul giornale «Il Pungolo», a firma del Di Giacomo stesso, in un articolo poi ripreso da tutti i quotidiani cittadini, si raccontava una storiella che tenne a lungo perplessi e agitati i buoni napoletani. Nientemeno la Vergine in persona era apparsa, una notte, a un cocchiere da nolo, e gli aveva ingiunto che non si cantasse più *'A capa femmina*, perché, sentite questa, di cape femmene ve ne era una sola, ed era Lei!

La storiella fu presa dal popolino come assolutamente vera, tanto che da un giorno all'altro nessuno cantò più la nuova canzone; e se qualcuno, ancora ignaro del fatto, la fischiettava, era trattato da eretico ed evitato come un appestato. Fu quello il primo vero e grande successo di Valente e servì ad aprirgli la porta principale di quel mondo da lui tanto agognato. Un mondo, quello della composizione, che egli viveva con signorilità, con la sua delicata tenerezza, con l'aristocratica soavità melodica. Era quello fatto di artisti di animo superiore che ingentili-

vano di grazia e spogliavano di ogni scoria il sentimento popolano, lasciandolo scorrere libero nelle loro melodie, nei loro canti. Quel mondo lo comprese talmente bene da risultare il più eccelso autore di armonie popolari. Aniello Costagliola, giornalista e poeta di rara acutezza, lo definì «il Rockfeller della patria canzonetta». Piccolo, bruno, anzi nero, qualche volta anche di umore, molto nervoso, pieno di progetti e di contraddizioni, sapeva essere tranquillo e irrequieto, parco di parole e loquace, amico sviscerato o nemico giurato, ora sfuggiva la folla con sgomento, ora la cercava mescolandovisi, un conglomerato di amori e di acredini, di insofferenze e di accettazioni, di umiltà e di alterigia sopra un fondo che è davvero un invidiabile sostrato di ingegno. Era un artista che non si scoraggiava mai. Un bel giorno abbandonò Napoli per recarsi in Francia e per poter trovare all'estero un successo ancora grande che sentiva di meritare. E restò così per quattro o cinque anni tra Parigi e Marsiglia a lavorare e a produrre. Maestro e cavaliere:

don Vincenzino, popolare così nel salotto come tra la gente che canticchiava le sue canzoni, intonava al pianoforte le sue macchiette, così nella casa d'un gran signore ove le dame si raggruppavano intorno all'ora sentimentale, come nella pizzeria che s'inaugurava in una dolce sera d'estate. L'uomo era di tutti gli ambienti. E vi portava facile, immaginosa, gradevole, suggestiva, esilarante, comica, triste, delicata o grossolana, la sua spontaneità non certo comune. Più di quattrocento furono le canzoni da lui composte e i poeti ai quali dette la sua collaborazione. Quasi tutti i maggiori: da Bracco (*Comme te voglio ama'*) allo scultore Della Campa (*'A Bizzuchella, Li cuppè)*, da Di Giacomo *('A sirena, Canzona amirosa, E ccerase)*, a Stellato (*Lo canzoniere)*, da Cinquegrana (*'A Galleria nova),* a Ernesto Murolo (*'A Cammisa)*, da Califanò (*Tiempe belle)*, al pittore De Curtis (*Ninuccia, Che buò fa)*, a Ferdinando Russo (*Manella mia), L'elegante, Pozzo fa 'o prevete, 'O pezzente 'e san Gennaro, 'O museo vivente,* sono solo alcune di quelle firmate dal Russo, ma ne ho trovate anche di Trilussa, Rocco Galdieri, Carlo Veneziani, Ugo Ricci, Giovanni Capurro. L'arte di Valente non si fermò alle canzoni, egli infatti scrisse molte operette: *Rosaura rapita*, su libretto del Di Giacomo, *Lena*, *Rolandino*, *L'usignolo*, *La sposa di Charolles, Donisa Pagnita, L'avvocato Trafichetti, Nemesi, Il cantico di Salomone.* Infine *I granatieri* del 1889, che ebbe un vasto successo e percorse fra ondate di entusiasmo il vecchio e nuovo mondo. Purtroppo, i circa cinquant'anni di così varia, preziosa, ininterrotta, fervida attività, che ha arricchito tanti speculatori, non sono valsi a evitare a Vincenzo Valente le «tragiche preoccupazioni del domani!» Fu costretto con la famiglia a trasferirsi in un modesto quartierino in via Baldacchini, dove morì il pomeriggio del 6 settembre del 1921, proprio a ridosso della Piedigrotta, quella Piedigrotta a cui per tanti anni aveva affidato, trepidante, il giudizio delle sue nuove composizioni, e a cui lasciava la sua ultima creatura: *E' Napule*, su versi di Eduardo Nicolardi.

NICOLA VALENTE (1881-1946)

Non deve essere stato semplice per Nicola Valente introdursi nell'ambiente che fu del padre Vincenzo, ma lo fece riscuotendo duraturi successi. Si usa adoperare sovente la formula del «sin da bambino si erano viste in lui quelle qualità che ne avrebbero fatto in futuro un chiaro interprete del mondo della Canzone Napoletana». Nel caso di Nicola questo fu assolutamente vero. Era nato a Napoli il 28 agosto del 1881. E a me piace immaginare l'infanzia di quel frugoletto figlio di cotanto padre, che per sua fortuna era a contatto, quasi giornalmente, con le maggiori personalità del miglior mondo musicale dell'epoca. Siamo nel pieno di quello che viene identificato come il «Secolo d'oro» della Canzone Napoletana. Il periodo cioè che produsse il meglio della musica canzonettistica nostra. Sappiamo quanto il padre amasse avere in casa amici musicisti e non solo - per citarne qualcuno i De Curtis avevano dimora proprio vicino a casa sua in via Rossarol ed erano tra i più assidui frequentatori.

Il padre avrebbe voluto per lui una carriera di concertista, lo aveva mandato a studiare, per i primi rudimenti di pianoforte, dal maestro Daniele Napoletano. Poi, come di pragmatica, venne anche per lui il momento di varcare la soglia del Conservatorio di San Pietro a Majella, per potere così approfondire i suoi studi. Si diplomò anche in armonia e composizione, sotto la guida del maestro Niccolò Westerhout. Con queste credenziali immaginiamo cosa sia avvenuto in casa Valente quando Nicolino presentò la sua prima canzone al vastissimo ed esigentissimo popolo della Canzone Napoletana. Papà Vincenzo sicuramente lo avrà dissuaso con quei giusti consigli che se si pagassero sarebbero, forse, più seguiti. Ma come? Dopo tanti sacrifici, tanto studio, vuoi fare la fine di tuo padre che deve faticare notte e giorno per vedere di mettere insieme il pranzo con la cena? La canzone non dà molto per sostenersi, guarda me: con tanti successi che ho conseguito non posso ancora ritirarmi e godere di una vita, se non proprio serena, almeno dignitosa. Prova a fare la professione per la quale ti sei preparato. E l'ubbidiente Nicolino ci provò ed ebbe anche un certo successo: era un formidabile pianista. Ma per uno che sin da bambino aveva vissuto il mondo dei Di Giacomo, dei Costa, dei Russo, dei De Leva, dei Bracco, restare allora lontano da quel mondo che egli sentiva suo, intimamente suo, sarebbe stata una immensa sofferenza. Allora trovò un escamotage, si mise a musicare solo alcune «Macchiette», così trovava sempre il sistema di giustificarsi col padre dicendo: in fondo è solo per scherzo. Ma scherzando scherzando, cominciarono a venir fuori anche canzoni con argomenti più vicini alla vera tradizione napoletana. Bisogna attendere il 1912 per poter gioire dei suoi primi successi: *'E figliole* e *Tutta mia*. Nel 1913 esce, su testo di Libero Bovio, *Nun voglio fa niente* per la casa editrice Poliphon, dalla quale era stato scritturato. Ciò era per l'epoca un privilegio: significava avere un congruo stipendio a prescindere. Una caratteristica fisica di Nicolino era quella di essere un bel giovane, a differenza del padre, che fece parte anche della società degli «Scorfani», che chiarisce i contenuti già dalla intestazione. «Il buon Dio gli concesse, dandogli la vita, un grazioso volto di apparente indifferenza, roseo nel sorriso d'una bocca che sa mutare d'atteggiamenti, una salda architettura; sui pilastri della quale la persona è giovanilmente piantata. Un candore canzonatorio, in antitesi con la furberia canzonettistica, e un aspetto imperturbabile a tutta prova, in questa sagoma di tenace bel giovane. Insieme con queste concessioni pertinenti allo scheletro e alla maschera della persona, il buon Dio gli soffiò nel cuore e nella immagine la facoltà del canto,

l'eleganza di fletterlo, tornirlo, dargli impeto o freno insieme, l'estro della melodia, sospirosa al chiaror della luna, sui digradanti colli di Posillipo e - in viaggio quasi simultaneo - la bizzarra genialità della invenzione buffa di pretta scaturizione settecentesca, con una tale comicità irresistibile di gioco ritmico da strappar la risata perfino a un Alceste molieriano. La sua personalità musicale si andò via via affermando dopo aver preso una sua precipua personalità. E tanti furono i brani che raggiunsero il favore dell'esigente pubblico addetto alle più segrete vite di quelle creature piene di poesia e armonia». Bisogna riconoscere che Nicola Valente non andò a pescare nel modo personalistico del padre Vincenzo per dare forma alle sue composizioni. Più lirico e deciso fu negli attacchi delle strofe, comparate alcune sue canzoni, e noterete la verità di questi miei assunti. *L'Addio*, *Brinneso*, *Torna*, *Core signore*, *Anema nera*, *Serenata a Pusilleco*, *Fantasia*. Hanno tutte un piglio deciso nell'incipit, per diventare poi nel ritornello un concentrato di romanticismo nella forma più classica. Scelse metri melodici che più fossero vicini alla nostra maniera di cantare, apportando nel getto dell'idea musicale un istinto di perfezionamento che, senza nulla sottrarre alla iniziale ispirazione, ne individuasse la forma lo stile lo sviluppo in modo che la spontaneità non fosse prevaricante sulla eleganza del musicista. Ecco perché le sue canzoni hanno sempre un profumo di giovinezza, un incantesimo d'amore. Sanno della dolcezza delle alghe e s'impregnano degli occhi delle tante grotte che riescono a plasmare la sinuosità della misura lirica. Ascoltando una sua melodia larga e calda non si supporrebbe mai che da tanta soave malinconia si possa ad un tratto, sotto l' ispirazione di un Maldacea, sprigionare la più graziosa cristallina e schernevole comicità di un signore del pentagramma grottesco. Chi può dimenticare *'A casciaforte*, vero cavallo di battaglia di Roberto Murolo, *Tutto è pronto*, *'O strummolo a triteppola*, la graziosissima *No, tu mi a fa fa…*, *'N accordo in Fa*, *Chiari di luna*, composta nel 1934 ed edita da La Bottega dei quattro, casa editrice fondata con Bovio, Lama* e Tagliaferri, col quale compose l'indimenticata *Passione*. Fu anche l'ispiratore di alcune canzoni di giacca come *Mamma addò sta* o *Manname 'e cunfiette* oppure *Busciarda me vuò bene*. Il suo dopoguerra, intendo quello del 1945, fu caratterizzato da *Simmo 'e Napule paisà!* e *Addio mia bella Napoli*, quasi un presagio della sua imminente morte che avvenne il 16 settembre del 1946. Tra le tante cose ci lasciò, anche quella stupenda *Signorinella pallida, dolce dirimpettaia del quinto piano, non v'è una notte ch'io non sogni Napoli, e son vent'anni che ne sto lontano…*

* Gaetano Lama (Napoli 1886 - 1950). Ottimo maestro di pianoforte, comincia esibendosi nelle *periodiche* con suoi brani ballabili. Nel 1910 ottiene il suo primo successo in napoletano ed entra a far parte della casa editrice La Canzonetta, dove rimane per oltre trent'anni facendo anche il direttore della scuola di canto. Stimato per la sua specchiata onestà, ne diviene anche amministratore e cassiere. Di quel periodo sono *Reginella*, *Chiove*, *Silenzio cantatore*, solo per citarne alcune. Nel 1934, con Bovio, Tagliaferri e Nicola Valente fonda la casa editrice La Bottega dei quattro. I successi però non sono numerosi come si sperava e l'edizione si va dissolvendo per consunzione dei suoi creatori.

NICOLA MALDACEA (1870-1945)

Tale padre tale figlio, si dice, e quindi Nicola Maldacea avrebbe dovuto fare, di conseguenza, il maestro elementare come il padre Eugenio. Ma nel suo caso vinse l'amore per il teatro e scelse l'attività di attore, partecipando a spettacoli tenuti dalla compagnia dell'attore teatrale Giovanni Emanuel (1847-1902). Fu così che Nicolino ad appena tredici anni cominciò a frequentare la scuola di recitazione di Carmelo Marroccelli nel palazzo dei Nobili a via Nilo. Capì subito, però, che l'attore classico non lo avrebbe mai potuto fare. Infatti, la prima volta che gli fu affidato un ruolo serio, nel dramma *Poveri figli* di F.P. Leone, avrebbe dovuto impersonare un anziano attendente. Il pubblico commosso, quando lo vide apparire, scoppiò in una fragorosa risata. Il Maldacea così si giustificò davanti a uno sdegnato Marroccelli: «Ma se la mia maschera facciale è di quelle destinate a far ridere, è forse colpa mia?»

Il 13 settembre del 1890 gli toccò il debutto al Teatro Nuovo di Napoli nella compagnia di Gennaro Pantalena, dopo una tournée siculo-calabrese e la morte della mamma. Questo lutto provocò in lui una tale frustrazione da fargli decidere di abbandonare il teatro e trovarsi un lavoro diverso. Il Pantalena però non gliela dette per vinta e lo mandò a prelevare a casa dalla moglie. Maldacea trascorse venti giorni a Cosenza, poi passò nella compagnia di Eduardo Scarpetta al Sannazaro, dove alla fine delle rappresentazioni teatrali si dava da fare con il suo repertorio comico. Il successo lo raggiungeva ogni sera e il suo nome oramai era diventato una certezza per gli impresari teatrali. Accadde così di avere un contratto dai signori Marino e Caprioli, gestori e proprietari del Salone Margherita, locale sito nella nuova Galleria Umberto Primo. Il debutto avvenne la sera del 28 maggio del 1891, era un giovedì. Il successo c'era ma mancava qualcosa, e quel qualcosa arrivò con Ferdinando Russo che gli regalò la prima macchietta, *L'Elegante,* e poi *Pozzo fa 'o prevete* e tutte le altre precedentemente elencate. Durante quel periodo al Salone Margherita, Maldacea ebbe modo di confrontarsi con Bernardo Cantalamessa, inventore di *'A risa*. Fu un confronto e non una sfida. Il «Roma» commentava: «Ai bei tempi dell'Opera Buffa a Napoli Cantalamessa avrebbe emulato i Fioravanti*, e Maldacea i Casaccia**. Ora, il primo, esercitando la sua arte nelle altre contrade italiane, è qui riapparso con un po' di maniera e di soverchia ricercatezza. Il secondo si accosta di più alle smorfie della caricatura sancarliana. Il primo bada alle grazie e alla finezza della dizione, e cade nel lezioso; il secondo ai lazzi, e cade nel volgare. Piacendo sì da

* Valentino Fioravanti (Napoli 1827 - Milano 1879). A soli dodici anni esordisce al Teatro Nuovo con il padre Giuseppe in una profetica commedia di Gabrielli, *Il padre della debuttante*. La sua qualità più evidente è quella dell'improvvisazione, senza con questo escludere le sue grandi doti di attore. Si esibisce anche fuori della sua Napoli e si ferma a lungo a Milano al Teatro Dal Verme, ma a causa di una malattia gli vierne amputata una gamba, cosa che lo conduce alla morte.

** Antonio Casaccia. Cantante legato all'opera buffa napoletana, fa parte della dinastia dei Casaccia. Debutta nel 1758 al teatro dei Fiorentini in Napoli al fianco di suo fratello maggiore Giuseppe. Ben presto lo supera in bravura ma anche nei consensi e nella benevolenza del pubblico. Viene soprannominato Casacciello sia perché è il più piccolo della dinastia, sia perché basso, tarchiato e senza capelli. Bugiardo fino all'inverosimile, subisce una reprimenda dal Tanucci, ministro del re, che così risponde a una sua supplica: «A Casacciello che ha detto tante bugie si faccia una severa riprensione». Muore il 22 novembre del 1793.

destare entusiasmo, essi partono da due punti opposti, al pari di due parallele che non s'incontrano mai. Così mai non avverrà tra quei due capiscarichi una lotta che non ha ragione d'essere; perché il cantante e il buffo sono su due vie ben distinte». Don Nicolino ebbe per circa quarant'anni una carriera brillantissima e tanti imitatori. Nessuno però riuscì a eguagliarlo. Le somme di danaro che riuscì a guadagnare furono enormi, ma il lotto gliene portò via in buona parte. Se si trovava senza soldi, non riusciva a fare a meno di tentare la sorte, e per aiutarlo gli facevano fare qualche particina. Ma poteva restare senza soldi anche il giorno dopo aver ricevuto la paga. Dovette per questo, anche in tarda età, continuare a lavorare. Si accontentava di fare piccole parti in filmetti di quart'ordine. I numeri del lotto lo raggiunsero a Napoli il 5 marzo 1945, la sua morte.

PASQUALE CINQUEGRANA (1850-1939)

Pasquale Cinquegrana nacque a Napoli il 21 aprile del 1850. A diciotto anni conseguì l'abilitazione magistrale, proprio nei giorni in cui moriva il padre, che tanti sacrifici aveva fatto per farlo studiare. Il primo incarico gli fu affidato alla scuola elementare della via dei Sette Dolori. A trentacinque anni incontra Maria Lazzarini, che poi sposerà e che lo inciterà a poetare. Così ebbe inizio la sua longeva carriera di poeta e di satirico. Gli allievi della sua scuola mai avrebbero sospettato che quell'austero professore fosse, in collaborazione con Eduardo Di Capua, l'autore de *'E bersagliere*, la canzone che ancora oggi ci emoziona quando vediamo i nostri ragazzi correre per le strade al ritmo di quelle note cantando *'E bersagliere 'e vvonno 'e vase de nnennelle, vi quanta capuncielle e galle ajmma spennà*. Eppure quel poeta, forse l'ultimo della generazione dei Di Giacomo, Russo, Capurro, Bracco, non sfuggì al destino di tantissimi altri vati della nostra poesia, chiudendo la sua vita quasi del tutto dimenticato. È la sorte dei poeti e dei galantuomini, ed egli fu certamente l'uno e l'altro. Tuttavia nessuno più di lui aveva portato nella lirica napoletana dell'ultimo Ottocento l'eco della gaia e innocente spensieratezza dei decenni precedenti, e nessuno più di lui era rimasto turbato e meravigliato dalle rapide trasformazioni del costume. Quella sua semplicità leggermente maliziosa lo portò a scrivere per Maldacea un congruo numero di Macchiette.

Grazie a esse, contribuì all'esistenza della satira del proprio tempo. Non risate sguaiate né piagnistei, non drammi né farse. Un

sorriso, un sospiro d'amore, un aneddoto appena appena salace, tra gli amici della scuola, della canzone, della farmacia di San Carlo alle Mortelle. Questo il mondo di Pasquale Cinquegrana. Ancora a ottantanove anni componeva: si pensi che in presenza dei figli, sei giorni prima di morire, quasi a lasciare loro un testamento morale, compose *Francia e Inghilterra*, un'opera contro le false democrazie. Il 27 aprile del 1939, anziché ricevere, pagava lui il tributo alla vita.

Tra le sue macchiette: *'A cura 'e mammà; Don Saverio; 'O rusecatore; 'O sbruffone; 'O bizzoco fauzo; 'O iettatore; 'O paglietta; The zuaca ccà; 'O figlio d'o tenore; Serenata profumata* e *Monsignor Perrelli.* Quest'ultimo era un personaggio napoletano passato alla storia per la sua tirchieria e la sua ignoranza. «Mi chiamo Giuseppe Asino Perrelli, asino ma non ciuccio», ci tiene a precisare, e mette in fila una serie di suoi arguti pensieri come quello sul perché il mare sia salato. Perché è abitato da milioni di alici salate, quelle che voi mangiate, e questo fa sì che il mare diventi salato!

GIOVANNI CAPURRO (1859-1920)

Giovanni Capurro fu innanzitutto l'autore di *'O sole mio*, canzone immortale e universale, conosciuta e amata in tutto il mondo, scritta nel 1898 e consegnata a Eduardo Di Capua, musicista e posteggiatore, perché la musicasse.

Nacque a Napoli nel 1859 nel quartiere di Montecalvario. Il padre lo aveva spinto a intraprendere studi tecnici, ma lui preferì frequentare il Conservatorio di San Pietro a Majella e diplomarsi in flauto sotto la guida di Saverio Nitti. Ma non lo suonò mai. Si sposò e fu padre di sei figli, di cui tre morti in tenera età. Visse la sua decorosa esistenza a Villa Brayda, alla confluenza del Conte della Cerra con via Giacinto Gigante. Faceva parte di quel gruppo di artisti (Gaeta, Di Capua, Nardella, Buongiovanni, Luca Postiglione), che avevano scelto l'Infrascata come zona residenziale in tempi in cui le ultime case napoletane si diradavano dal largo della Cesarea per trasformarsi in ville e giardini su per il Conte della Cerra, Antignano e il Vomero ancora campestre.

Uomo mite, si concedeva una sola digressione: l'amore per il sigaro che non si faceva mai mancare. Convinto socialista, dopo un periodo di lavori saltuari fatti per necessità, iniziò a collaborare per passione politica con diversi giornali, portando le sue idee prima sul periodico «La Montagna» e poi sul «Don Marzio»; finalmente venne assunto come cronista al giornale «Roma» di Diodato Lioy, affermandosi insieme ad altri grandi nomi come Federico Verdinois, Saverio Procida e Aniello Costagliola.

Nel 1887 riuscì a pubblicare una prima raccolta di poesie, *Napulitanate*, cui seguirono le *Carduccianelle*, che ricevettero il plauso insperato di Giosuè Carducci grazie alla grande abilità dimostrata da Capurro nel saper adattare il napoletano alla metrica delle *Odi barbare*:

Caro signore,

la metrica delle Odi barbare *io non avrei mai pensato potesse servire a poesia dialettale o popolare; non pareami fatta a ciò. Ma Ella se l'è presa e vi ha messo dentro arditamente e sveltamente del suo. Tutta Sua è la prova e la vittoria. Ed Ella non ha bisogno d'imporre alle cose sue un nome che importa derivazione e diminuzione.*

La saluto, Giosuè Carducci.

«Che brutta cosa ch'è a tirà 'a carretta quanno nisciuna mano votta 'a rota....» Così Capurro, in *Totonno 'e Quagliarella* (1919) parla delle precarie condizioni finanziarie in cui continuava a vivere nonostante l'attestato di stima di Carducci.

Il suo *Totonno* è senza ombra di dubbio il più bel trattato di filosofia spicciola napoletana. Questa macchietta nacque nella mente di Capurro una sera quando, tornando a casa dal giornale, il «Roma», sulla salita dell'Infrascata si imbatté in un affascinante personaggio che era in compagnia di un fiasco di vino, di quelli con la paglia, di antica memoria. Costui cominciò a disquisire di tutto e tutti, passando da un argomento all'altro con facilità, dando la sensazione di essere tutt'altro che un ubriaco, ma solo uno a cui, dopo qualche bicchiere di vino, si scioglie la lingua e la mente comincia a spaziare in considerazioni troppo profonde per un umile ciabattino. Capurro stette ad ascoltarlo per ore seduto sui gradini della chiesa di fronte alla sua casa del Conte della Cerra. Su quel palazzotto oggi è stata posta una bella scritta che ricorda l'autore di *Totonno*.

Il Capurro volle Raffaele Viviani* come primo interprete e gli suggerì di presentarsi in palcoscenico con la divisa della nettezza urbana, spingendo un carrettino da spazzino.

Ma come prosatore di *Dal marciapiede al palcoscenico* (Conte Editore, Napoli 1952), dove troviamo la Napoli più pittoresca, Don Giovannino viene considerato dallo storico letterario Adriano Tilgher solo un poeta popolare. Si badi, popolare, non popolaresco. Trovo in questo giudizio precipitoso, troncante, tutto il concentrato della sfortunata esistenza del poeta di *Lily Kangy*, scritta con Salvatore Gambardella. Dai tanti documenti che ho visionato risulta che nel 1944, quando Tilgher emetteva quei giudizi su Capurro, non era stata pubblicata ancora un'antologia completa delle poesie, né un libretto di racconti. Se il Capurro poeta fu per lungo tempo poco noto al pubblico, il Capurro prosatore può dirsi addirittura sconosciuto.

Così scrive De Mura, curatore della collana Poeti di Napoli, nella premessa a *Dal marciapiedi al palcoscenico*.

«Come si può allora giudicare un genio della poesia, perché di tale si tratta: solo dalla lettura approssimativa di qualche sua opera, forse anche satirica? Si può definire popolare, e non nel senso di conosciuto, un poeta che trae sì dal popolo la sua ispirazione, ma la fissa su carta con la sintesi dell'uomo di cultura?»

Mi domando allora: può un uomo, sicuramente di cultura elevata, essere considerato così come lui viene considerato da Adriano Tilgher? Azzardo: don Giovannino muore nel 1920, agli albori del Fascismo. Penso davvero che le idee politiche abbiano contribuito a dare di lui un'immagine distorta. Ma ho letto e riletto Capurro e non mi sembra assolutamente che egli

* Raffaele Viviani (1888-1950), autore e interprete di diverse macchiette tra cui *'O Scugnizzo*.

manifesti le sue idee politiche quando è poeta o prosatore. Purtroppo la lotta politica non ha confini e discernimento, a volte è piccola e meschina, lo dice uno che per le proprie idee è stato troppo spesso discriminato e quindi ne può parlare a pieno titolo. Il mio auspicio dunque è che un giorno tutti gli artisti vengano considerati, valutati e stimati, non per quello che sono nella veste di uomini, né per le loro idee, ma solo ed esclusivamente per l'essenza artistica che esprimono.

Bene fa allora Francesco Bruno* a valutare il Capurro così come merita, e a includerlo a pieno titolo nella Scapigliatura napoletana, tra i grandi di Napoli. Ma…

Quann'è fernuta ll'opera,
pezzente o milionario,
s'à dda calà ò sipario…

e Capurro morì nel 1920. Mi piace trarre da Bovio un pensiero molto appropriato alla mancata partecipazione della città alla sua morte: *Napoli tutto perdona tranne il genio.*

Tra le sue macchiette: *'O pacione, 'O presidente; 'O dentista; 'A matematica; 'O caffettiere; 'O cappellaccio nuovo; 'E guaie d' 'ombrello, 'O campanarista, 'O fatturino 'a posta* e infine *Totonno 'e quagliarella.*

* Francesco Bruno (1899-1982), giornalista, critico letterario e scrittore.

ROBERTO BRACCO (1858-1943)

> «Roberto Bracco cantor popolare è come un principe della letteratura e dell'arte, il quale, per eccezionale gusto di sport, ami di rompere le sue consuetudini aristocratiche e di mescolarsi fugacemente, e a scopo di osservazione poetica, nella folla dei nostri rioni suburbani. Il principe si nasconde nel gergo e sotto la giacca del popolano. Ma è sempre un principe, e il popolano deve fargli di cappello e ringraziarlo dell'onore compartitogli.»
>
> *Aniello Costagliola*

La sua data di nascita viene ritenuta da alcuni il 19 settembre del 1861, da altri del 1860 e solo De Mura sostiene che fosse nato nel 1858, e penso che sia il più vicino alla verità: compilando la sua *Enciclopedia della Canzone Napoletana* (Il Torchio, Napoli 1963) ha fatto una ricerca accurata proprio sulle date di nascita e di morte, ricorrendo alla consultazione, quando possibile, dei registri comunali e anche di quelli battesimali delle parrocchie.

Dopo aver lavorato come fattorino in una ditta di spedizioni, Bracco iniziò molto giovane l'attività di giornalista collaborando con «Il Corriere del Mattino», «Il Piccolo» e «Capitan Fracassa» prima di passare a «Il Corriere di Napoli» in qualità di critico teatrale e musicale. Di lui scrisse Carlo De Flavis in una monografia del 1920: «Vi dirà subito che non è un letterato e vi esibirà, come prova del suo "stato di servizio giovanile", cifre, registri e tutto un ibrido sistema di "contabilità doganale" tenuta con matematica esattezza dall'adolescente commesso spedizioniere Roberto Bracco».

Una curiosità di cui non tutti sono a conoscenza è che Bracco iniziò la sua carriera di scrittore nel 1881 sotto lo pseudonimo di Baby, con dei racconti che andavano sotto il titolo di *Frottole di Baby*.

Sempre curato ed elegante, legò il suo nome soprattutto al teatro italiano del Novecento. Notissimo drammaturgo (alla moda, si direbbe oggi), scrisse opere di grande successo come: *Non fare ad altri*, *Una donna*, *Maschere*, *Infedele*, *Il trionfo*, *Don Pietro Caruso*, *Sperduti nel buio* e *Il piccolo santo*. I suoi lavori furono rappresentati in tutto il mondo e interpretati dagli attori più importanti dell'epoca: Ermete Zacconi, Ermete Novelli, Eleonora Duse, le sorelle Gramatica, Francesca Bertini. Tutti se ne disputavano i testi.

Ha fatto parte di quella schiera di letterati che, per primi, si dedicarono alla creazione dei capolavori musicali che immortalarono la canzone napoletana nel periodo a cavallo tra l'Ottocento e il Novecento come Di Giacomo, Russo e Galdieri, permettendogli così di esprimere in essa, al massimo, la sua napoletanità, libero dai vincoli del mondo del teatro.

Spinto alla politica da alcuni amici, venne eletto deputato con Giovanni Amendola nel 1924. E qui cominciò il declino della sua carriera di drammaturgo. Nel 1929, a causa dell'accanita contrarietà del regime fascista, non gli venne assegnato il premio Nobel. Inoltre, non essendo stato più rappresentato, come conseguenza naturale delle sue idee politiche, avvenne che il lavoro di revisione critica e di ammodernamento dei testi non venne più svolto. Si badi che parliamo di uno degli autori italiani che fu tra i più rappresentati in Italia e all'estero, paragonabile solo a Pirandello, che però il premio Nobel lo ebbe assegnato nel 1936. Fu rappresentato anche a New York, al teatro Bijou di Broadway, a partire dal 1907, con *Comtesse Coquette*, *A Night Snow*, *The Honorable Lover*. A questo punto è lecito domandarsi perché l'intellighenzia di sinistra, se nulla fu in grado di fare allora, ancora oggi continua a ignorarlo? Imperdonabile è che questi uomini di cultura non abbiano avuto neanche il rispetto per l'uomo, che pure si è speso per la loro stessa causa, pagandone le conseguenze a carissimo prezzo.

Chiuderò questo mio ritratto del poeta, scrittore, commediografo, drammaturgo Bracco dando voce ad Antonio Palermo, che di lui ci racconta così gli ultimi anni di vita: «Gli ultimi vent'anni di Roberto Bracco coincisero con quelli del fascismo... li visse appartato, dimenticato, serbandosi fedele a un'intransigente opposizione che l'ostracismo al suo teatro e alle sue collaborazioni giornalistiche, con l'indigenza che ne seguì, non valsero a scalfire. Diciamolo pure, una sorprendente lezione di rigore etico-politico da parte di uno scrittore in così larga misura "brillante"».

Una figura di tali dimensioni non andava dimenticata, un genio del teatro che ancora prossimo alla fine ripeteva: «Non dubitate, morirò presto, ma un'ora dopo». Dopo il fascismo, naturalmente. Morì il 21 aprile1943. Il fascismo crollava pochi mesi dopo.

Dopo la prima messa in scena delle sue commedie, Bracco aveva l'abitudine di alzarsi tardi al mattino, placido e sereno, sorbire il caffè accanto alla sua vecchia mamma, unico grande amore della sua vita, rientrare nel suo studio e riprendere il lavoro, senza leggere neanche le critiche dei giornali. Era totalmente allergico alla carta stampata e ai critici, come si legge in una sua dichiarazione riguardo il comportamento che avrebbe tenuto come critico teatrale: «Io soglio disprezzare come critico parecchie delle mie cose che amo come autore». Di come giunse alla poesia e alla canzone ce lo racconta egli stesso: «Scrissi la mia prima canzone per ordine superiore!» L'idea venne a Martino Cafiero, uno dei più geniali giornalisti che Napoli abbia mai avuto, direttore del «Giornale del Mattino». Fu lui che, per burla, volle opporre accanitamente una canzone di Piedigrotta fatta in casa al successo straordinario delle canzoni dovute da qualche tempo a due napoletani non più residenti a Napoli: a Gigi Denza, che viveva a Londra, e a Peppino Turco, un altro gran giornalista che viveva a Roma. Denza e Turco erano gli autori di *Funiculì-Funiculà*. Questi gli esordi, la musica venne composta da Luigi Caracciolo. Il successo fu travolgente. Non tutto il merito però era della canzone. Come dice lo stesso Bracco, non bisogna dimenticare la pertinacia del Cafiero, che per venti giorni decantò la bellezza meravigliosa di *Salamelic*, questo il titolo, sulle pagine del «Corriere del Mattino». Quando fu eseguita dai balconi dell'ufficio del giornale in via Toledo, da una schiera di chitarristi e mandolinisti, dal tenore Panzetta, dal Baritono Colonnese e dal coro degli impiegati del giornale, fu un vero manicomio, ma un autentico trionfo. Bracco scrisse diversi altri brani tra i quali amo ricordare: *I resto ccà*, scritto in occasione del terremoto di Casamicciola del 1883, in cui persero al vita anche i familiari di Benedetto Croce; *Tarantì tarantella*, per l'inaugurazione dei bacini della città di Taranto; *'Nu passariello spierzo* e *Durmenno* con De Leva; *Comme te voglio amà! Luntana staie* e *Sentinella*. Una sera, al Caffè di Napoli, il celebre compositore Mario Costa, su sollecitazione di alcuni amici, aveva scritto i versi di una canzone che aveva intitolato *Tu a chi vuò fa murì?* Perché, si era detto, non facciamo per una volta al contrario: tu scrivi i versi e noi li musichiamo? Cinque i gruppi che accettarono la sfida: Bracco, Arturo Colautti, Raffaele Montuori, Edoardo Dalbono e signora, Vincenzo Migliaro e Carlo Brancaccio, che ne composero la musica. Tutte le canzoni vennero poi pubblicate dalla ditta Cottrau in un elegante album col titolo di *'O munno a smerza*, proprio a significare il rovesciamento dei ruoli; e, ciliegina sulla torta, la copertina fu disegnata da Salvatore Di Giacomo. La più nota macchietta fu *La frangetta*, scritta in collaborazione proprio con Di Giacomo.

ROCCO GALDIERI (1877-1923)

Un poeta vero da associare in una terna ideale ad altri due grandi, Di Giacomo e Russo. La sua fu anche una doppia personalità, la dimostrazione vivente che di sola arte, di poesia, non si vive. Sotto lo pseudomino di Rambaldo, personaggio satirico, ironico, divertente, scrisse quelle cose pungenti che tanto attirano il pubblico che non vuole pensare. Rambaldo consentiva a Rocco di vincere ogni giorno la più squallida miseria lasciandogli la possibilità di creare, inventare poesie, canzoni, nella piccola villa di San Giorgio a Cremano. Galdieri venne definito da Adriano Tilgher «il poeta della saggezza», perché diede voce a quel lato dell'anima napoletana fatto di scetticismo sapiente e rassegnato, di sentenziosità saggia ed esperta. Ma il Tilgher lo definì anche «il poeta della morte», perché è lui che per la prima volta la fece comparire nella poesia napoletana in modo così frequente. Al contrario di Di Giacomo, poi, non si identificò col mondo, ma prese posizione contro di esso: «Come un individuo che è quello che è, che non si confonde con nessun altro, che è qualcosa di unico e irripetibile, che quando sarà scomparso da nulla potrà essere sostituito, che quando non ci sarà più sarà come non ci fosse stato».

Permettetemi di non essere d'accordo col Galdieri, almeno su quest'ultima affermazione. Se a distanza di ottant'anni dalla sua morte io ne sto parlando, vuol dire che è tutt'ora vivo e presente. Uno che ha la fortuna di potersi rivolgere al mondo attraverso i suoi scritti universali, come può morire?

Si può dire allora che sia solo il suo corpo a dissolversi, ma la presenza del suo passaggio sulla terra rimane ben ferma nella sua opera, che quanto più sarà grande e vera, tanto più sarà duratura.

Come sempre faccio quando scrivo, ho ripreso il primo libro di poesie di Rocco Galdieri. L'ho riletto con quella maggiore esperienza che è frutto sia di una età più matura sia di una più approfondita conoscenza del mondo della poesia vernacola. È veramente un grande, anzi: un grandissimo. Già dalla prefazione da lui stesso scritta sono chiarissime la forza e il carattere del Poeta. Il libro che ho in mano è una edizione di Casella del 1914, questo per stabilire di quale momento della sua vita parliamo. Sicuramente la malattia non lo aveva ancora minato, ed egli conserva quel sarcasmo che rasenta la filosofia, quella filosofia napoletana che raggiunge però, a mio avviso, il suo acme con *Totonno 'e Quagliarella.*

Nella prefazione, sentite cosa dice Galdieri del suo lavoro:

«Quanto si conosce di me fin'oggi è lavoro ma non travaglio. Ché io ho dovuto tutti i giorni tagliare con le forbici della necessità le ali dei miei sogni. Il Lavoro nel senso di sfacchinaggio da tavolino mi ha dato quello che è noto; il travaglio, nel senso di veglie pensose, mi ha dato questo libro che do alle stampe».

E conclude con un attacco violentissimo a tutti quegli pseudo poetucoli:

«Mi sono capitate sotto gli occhi, sovente, descrizioni di tramonti, di albe e di notti in poesia dialettale così infarcite di similitudini di "Viole nfose", d'incendio ncielo e "d'armonie d' 'e stelle", per non dire di sensazioni di falsa psicologia, che me ne sono ritratto mortificato».

Ed ecco alla pagina 27 un capolavoro di verismo:

..."O Sole nun è d'oro! 'O Sole è 'O Sole!
O Sole è 'o Sole che 'nce scarfa 'e ccase,

c'ammatura ogne frutto e 'ndora 'e spiche,
E' 'o Sole ca m'asciutta 'e panne spase,
ca me secca 'a cunzerva e spacca 'e fiche.
E nun è d'oro! Pecchè l'oro è niente...
E senza 'o Sole nun sarria lucente!

Tra le sue macchiette più importanti ricordiamo: *Il pittore; L'inquilino del piano superiore; L'esploratore; Il guerriero.*

ERNESTO MUROLO (1876-1939)

Nel quadro della scapigliatura napoletana non poteva mancare Ernesto Murolo. Viene infatti annoverato dal Bruno tra i componenti di questa corrente letteraria. Ma quali sono i pregi della sua poesia che fanno di lui uno tra i grandi della poesia dialettale napoletana? Molti scrittori della nostra canzone si sono, giustamente, interessati a lui, alla sua vita, alle sue canzoni; ci hanno parlato della sua nascita, dei suoi trascorsi, dei pettegolezzi, della sua famiglia, della aneddotica più prude, si mormora persino che fosse figlio di Eduardo Scarpetta. In questa circostanza vorrei considerare solo il Murolo poeta. Penso che la grandezza della sua opera sia strettamente collegata alla forza della nostra canzone. Lo si è chiamato il poeta pittore, il cantore di Posillipo con colori chiassosi. Ciò è vero, ma non esauriente. Vedo in lui anche una profonda passionalità. Viceversa, non si potrebbero scrivere versi come questi di *Mandulinata a Napule*: «...Stai 'mbraccio a mme, 'nnucente so' sti vase. Bella, stanotte te so' frato e sposo. Stanotte Amore e Dio songh' una cosa...» C'è più pathos in questi due versi che in centinaia di pagine di autori che passano per scrittori dalla forte frenesia amorosa. Egli è riuscito in due righe a sposare l'amore sacro a quello profano. Come si può associare l'amore fraterno a quello sensuale se non si è ricchi di un animo profondo e raffinato? Come si può, senza destare in altri disgusto, condensare un argomento simile in soli due versi, se non si è un vero artista, poeta autentico. La sua passionalità traspare anche, e non solo, in

'A primma 'nnammurata. «L'ammore è 'na ferita ca 'o tiempo po' sanà, ma te rummane 'o segno tutt' 'a vita pe' t' 'a fà ricurdà!» Ha il dono della sintesi, non così diffuso nel campo della poesia.

Sono andato a rileggere alcune sue poesie, tra cui *Marina Piccola.* Avendo avuto la fortuna di vivere le atmosfere della Capri di ieri, mi sono ritrovato, come d'incanto, immerso in un sogno, trasportato in una realtà che una volta mi apparteneva. L'aria tardo-ottocentesca, ma non decadente, che si respira nelle sue poesie descrive a volte meglio degli storici stessi, e con pochi tratti, gli usi e i costumi di quelle realtà lontane nel tempo, lontane anche da lui:

Fore 'e logge addurose 'e mellone,
lampiuncielle e garselle appicciate,
mo ch'è 'o tiempo d' 'e belli canzone,
comm 'apprimma ve voglio vede'.

Fuori i balconi odorosi di melone/lampioni e con garselle accesi/ora che è il tempo delle belle canzoni/come prima vi voglio vede'.

Ricerca del passato, tema caro anche ai trovatori provenzali, sognatore innamorato come Anselme Mathieu, descrittore di scorci del presente a sfondo simbolico come Frédéric Mistral, con la differenza che il paesaggio dell'uno era raffigurato nel mito delle sue praterie verdeggianti, mentre per Murolo il mare e Posillipo ne sostituiscono lo scenario. Pastorale l'uno, piscatorio l'altro (*Piscatore 'e Pusilleco*), ma sempre idilliaci (*Suspiranno*), amorosi (*Amore canta*), a volte drammatici e religiosi (*'O miercurì d''a Madonna 'o Carmene*), ma con il ricordo e la rievocazione del passato sempre ben presenti (*Napule ca se ne va!*). Come ridurre allora l'opera del Murolo a semplice poesia che resta tra i motivi noti: amori e amoretti, inviti, ritrosie, ripulse, pentimenti, desideri e tentazioni, vagheggiamenti sensuali, nostalgia ed esaltazione di Napoli? Egli è a mio avviso, e in questo condivido l'idea del Tilgher, poeta dialettale sì, ma letterato del dialetto, conoscitore profondo di tutte le risorse, di tutte le malizie. Poeta ricercato nella scelta di vocaboli realisticamente plebei, li usa in funzione essenzialmente cromatica. Ne consegue che il posto a lui destinato dal Bruno è pienamente meritato, a scapito di tutti i detrattori.

Tra le sue macchiette: *Napule ca se ne va!*; *Ve chiammate*; *Mana manella*; *Jette 'o beleno*; *'A balia*.

ANIELLO CALIFANO (1870-1919)

Oj vita, oj vita mia
Oj core 'e chistu core...

Basterebbe solo la canzone *'O surdato 'nnammurato* e il successo che l'ha accompagnata, e che ancora la premia, per far felice uno qualsiasi dei mediocri che sono stati gratificati dal titolo di poeta. A Califano questo riconoscimento venne sempre negato. «'O cafone», così in maniera dispregiativa lo appellavano coloro che frequentavano il mondo artistico. Era nato a Sorrento il 19 gennaio del 1870 da Alfonso e da Rosa Rispoli, nobildonna sorrentina doc. Di famiglia agiata, fu costretto a studiare, e dette ai suoi familiari l'illusione di volerlo fare con entusiasmo. In cuor suo, invece, inseguiva il sogno della poesia. Finalmente riuscì a farsi mandare dal padre a Napoli per meglio seguire gli studi nella locale scuola per geometri. Ebbe così il suo piccolo «quartierino» dove concretizzò la sua voglia di libertà totale. Femmene, amici, poesie e canzoni. A 19 anni il primo momento di piccola gloria con *Amore Amore*, un brano musicato da Giannini, che gli valse la vittoria al concorso Grande Esedra. A Napoli si dice: è partuto 'o vapore. Così per lui iniziava la difficile ma stupenda carriera artistica. Con i vari Capurro, Cinquegrana, De Curtis, fu tra i poeti più rappresentativi di Napoli. Immediato e sincero, ricco di una napoletanità ed efficacia di immagini, di freschezza di colorito, di una originalità di espressione che pochi canzonieri riuscirono a eguagliare. Si sentiva profondamente poeta e lo voleva affermare a tutti i costi. Ostinato, intransigente e determinato, quando si avvicinavano i giorni della audizioni di Piedigrotta entrava in fibrillazione e pretendeva che le sue canzoni, le sue creature, fossero eseguite sempre e dovunque.

Con Gambardella, Di Capua, De Gregorio* e Pasquale Fonzo** costituì un sodalizio per la creazione delle nuove canzoni che poi si industriava a portare avanti percorrendo tutti quei sentieri utili per la loro affermazione. Tutta la dedizione con cui fece valere la sua creatività poetica non gli impedì di crearsi una famiglia. Sposò la governante di famiglia, Stella Pepe, dalla quale ebbe tre figli: Bianca, Ester e Vittorio.

Dovette giocoforza rallentare la sua frenetica attività sociale. Sarebbe impossibile elencare qui tutta la sua enorme produzione. Spaziò attraverso tutti i generi della forma canzone. Da quella appassionata passava alla canzone a dispetto, dalla Macchietta alla canzone popolare, dalla reclame per un dentifricio a quella per un callifugo, alla esaltazione del mare di Sorrento e/o di Mergellina.

---

* Giuseppe De Gregorio (Napoli 1866 - 1933). Sulla «Tavola rotonda», giornale specializzato musicale del 7 settembre 1898 viene espresso questo pensiero che lo riguarda: «...e questa sua originalità si manifesta nella temperata vividezza del pensiero instillato in frasi ricercate e obbedienti, finemente architettate, pastosamente disegnate». Ha diretto una sua scuola di canto e scritto un'operetta, *Faublas*, oltre a una vastissima produzione di canzoni. Afflitto da miopia progressiva, la morte lo ha colto quasi cieco il 26 dicembre 1933.

** Pasquale Fonzo (Napoli 1860 - 1935). Si diploma al Conservatorio di San Pietro a Majella in pianoforte, dopo essere stato avviato allo studio della musica dal padre. È maestro di pianoforte e canto corale. Oltre a un grande numero di valenti canzoni in napoletano, scrive anche musica da camera, ballabili e sonate, pubblicate da Sonzogno e Ricordi. Un suo brano, *Senza l'amore*, è inserito nell'operetta *Addio giovinezza* che il Pietri compose nel 1915.

Improvvisamente cominciò a comunicare agli amici che sarebbe dovuto tornare nei luoghi di nascita del padre perché questi in sogno gli aveva preannunciato una sua imminente dipartita da questa terra. Così si trasferì a San Lorenzo di Pagani oggi di Sant'Egidio con tutta la sua famiglia. Il profetico avvertimento del padre purtroppo si concretizzò di lì a poco. Era andato a Roma per consegnare al presidente americano Wilson una sua raccolta di versi, e al suo ritorno era ben felice del grande onore che gli era stato concesso, ma tanta felicità doveva essere annullata dalla comparsa di una terribile malattia, forse il vaiolo. A soli 49 anni, il 20 febbraio del 1919, lasciava questo mondo e coloro che gli vollero bene.

Tra le sue macchiette: *'O Seminarista*, *'O cocchiere*, *E firma 'a ricevuta*, *'O Farenella*, *'O Miracolo*, *Lo Studente in legge*, *Don Ciccillo*, *'E sorelle Farbalà*, *Madama chichierchia*, *'E ragazze*, *Ninì Tirabusciò*, *Miette 'na mana ccà*, *Mannaggia 'a mugliera*.

SALVATORE GAMBARDELLA (1871-1913)

Vicino 'o mare facimmo ammore! Tutti sono in grado di riconoscere l'inizio del ritornello di *'O Marenariello*.

Salvatore Gambardella nacque a Napoli il 17 novembre 1871 nel quartiere di Montecalvario, in via Porta Carrese, ed era figlio del portiere di un piccolo palazzotto. Non risulta che sia andato a scuola, dato che fu costretto già da piccolo a dare una mano in famiglia col suo lavoro. Ci racconta che «i primi quattrini, la prima settimana che guadagnai, comprai un organetto. S'era verso il 1889. Nei caffè, nei concerti, nelle vie risuonavano le note di qualche dolce "Malia". Io tornavo a casa stanco: una piccola casa, un lumicino a olio che ardeva sul tavolo, accanto alla minestra fumante. Mangiavo di buon appetito. Mia madre mi sedeva accanto facendomi sentire tutto l'amore, la vicinanza di cui solo una madre può essere capace. Dopo canticchiavo anch'io, con accompagnamento d'organetto».

Era un fanciullo snello, vispo, ricciuto, nei suoi grandi occhi espressivi c'erano la furberia e la dolcezza dei fanciulli di Napoli. Un berretto tirato da un lato come usava una volta la gente del popolo, e un andare lento, pensoso e giocondo allo stesso tempo, per le ospitali ombre della Villa Comunale, lungo via Caracciolo, al cospetto del mare immenso che «sapeva» e «diceva» tante canzoni, dolci e passionali, come quelle che udiva la sera sotto le finestre degli «hotel» del lungomare. Si sentiva decisamente attratto dal mondo della musica, tanto che spesso sgattaiolava sul palco del Teatro San Carlo dove si mescolava al coro: così c'era anche lui. In una di quelle occasioni incontrò il maestro Ludovico Fiorillo, che fu anche insegnante di mandolino della regina Elena, e che gl'insegnò almeno i primi rudimenti di quello strumento. Questa notizia mi giunge direttamente dagli eredi della famiglia Fiorillo. Vengo ora al momento in cui ebbe la visibilità come compositore di belle e immortali melodie. Rifare la storia del come nacque la sua più famosa *'O Marenariello* sarebbe superfluo. Ma io ho trovato di quell'avvenimento il racconto che egli stesso fece a Tomaso De Filippis.

Si sa che quando lui lavorava come «guaglione 'e magazzino» presso Vincenzo De Chiara, un giorno si presentò Gennarino Ottaviano «cacciavano», diventerà il padrone della «cantina», che voleva consegnare alcuni versi di una canzone a De Chiara, e visto che non c'era li dette a lui, che avrebbe provveduto a consegnarli. Quando però Don Vincenzo rientrò, lo mandò a fare alcune commissioni e così... «i versi restarono nella mia tasca. Era una luminosa giornata, ricordo. Mi incamminai per Toledo, arrivai alla "Villa". Il ritornello della canzone mi aveva assai colpito, io ne ripetevo i versi con ineffabile godimento. *Vicino 'o mare facimmo ammore*. Il mare era così terso, così azzurro, così invitante. Gli alberi della Villa avevano fremiti lievissimi, una gran pace d'intorno. Cominciai a canticchiare. Mi pareva di ripetere un motivo che sapevo a memoria, in realtà il motivo lo inventavo io. Esso mi veniva facile, spontaneo, di getto. Lo canticchiai più forte, quasi compiaciuto con me stesso. Quel giorno non tornai alla bottega. La sera ripetei il motivo a mia madre, che mi guardò tra la meraviglia e la stizza. Per tre lire fece fare la partitura, "per pianoforte e mandolino" dal maestro Tombella che, innamoratosene, ci mise anche l'accompagnamento. Tralascio lo sbigottimento di Gennarino quando il dì seguente apprese che il De Chiara non aveva neanche letto quei versi e che, invece, erano stati musicati dal giovanissimo Totore. Gambardella conosceva un certo Gennaro Olandese che cantava al Caffè del Commercio e a lui diede la partitura. Racconta Gambardella: «Stasera», annunciò ad alta voce, l'Olandese, «se canta 'a canzone 'e stu piccerillo. La Sala era gremita e *'O Marenariello* fu cantata due, tre, quattro volte. Il pubblico non si stancava di applaudire. Le donne mi baciavano. Io ringraziavo stordito, sorridente, felice».

In meno di un mese tutta Napoli cantava la loro canzone, per le vie, nei concerti, nei teatri. Era solo l'inizio; da quel momento le creazioni non si contarono più. Sono più di quattrocento le canzoni che videro in Gambardella il proprio creatore. Quel Gambardella che non conosceva la musica, non aveva un pianoforte e sapeva a malapena leggere. Così ebbe inizio la sua brillante carriera, che si concluderà con una più compiuta canzone, *Quanno tramonta 'o sole*, con i versi di Ferdinando Russo. La sola di tutta la produzione napoletana edita dalla tedesca Poliphon. Qualche anno prima di morire si sposò, per mettere fine a quelle voci che lo volevano nemico del bel sesso. Egli, in realtà, era solo quel che comunemente si dice «un mammone», uno molto legato alla mamma, e questo era stato scambiato per misoginia. Questo campione del canto libero che «come l'usignolo ignora le sette note», ma che porta a cantare tutti senza distinzione di sesso o ceto sociale, moriva a soli 42 anni, il 29 dicembre del 1913, in un lettuccio d'ospedale, ricordato e compianto solo da pochissimi, alcuni dei quali vollero in quel ricordo e in quel compianto affogare il loro rimorso di averne sfruttato le buone energie, lesinandogli però il pane.

Tra le sue macchiette: *'A sciantosa*, *'E sorelle Farbalà*, *Madama chichierchia*, *Lily Kangy*, *Albergo e ll'allegria*, *'A scigna 'mbarcone*, *Ninì Tirabusciò*, *Piorichi, pirichì pirichià*, *Quanno mammeta nun ce sta*.

EDUARDO DI CAPUA (1865-1917)

Considerarlo un pilastro della canzone napoletana sarebbe a dir poco riduttivo.

Nato a Napoli il 12 maggio del 1865, in una famiglia di musicisti, la sua vita fu segnata già dal primo vagito: avrebbe fatto anch'egli il musicista. In casa imparò a conoscere le note e gli strumenti dal padre, Giacobbe, violinista di affermate formazioni di posteggiatori, e anche compositore di alcune note canzoni: *Lo rialo*, *La rà, la rà, la rà, volimmo pazzià*. Eduardo cresceva nel mito della musica. Si iscrisse al Conservatorio di San Pietro a Majella, ma la sua voglia di fare, di sperimentare le cose del mondo, era talmente imperiosa che lasciò gli studi anzitempo. Cominciò dapprima a girare con l'orchestrina del padre. Ebbe così modo di conoscere da giovanissimo buona parte dell'Europa. Si racconta che Roberto Bracco, che era in visita a Londra dai suoi amici, lo abbia incontrato in veste di mandolinista proprio nell'orchestrina del padre.

Questa sua vita di posteggiatore e di giramondo deve essere durata a lungo se nel 1898, a 33 anni, quando compose la famosissima *'O sole mio*, si trovava a Odessa, in Ucraina. A soli diciannove anni, nel 1884, compose la sua prima canzone, *Lo campanello de la parrocchia*, i cui versi erano di Pellinis (pseudonimo di Spinelli). Non fu un successo ma era comunque un inizio e per giunta venne pubblicato dalle edizioni San Carlino. Ciò gli servì per farsi conoscere.

Per un successo vero dovette attendere il 1887, quando su versi del maestro elementare Pasquale Cinquegrana compose *Margaretella* e *Capille d'oro*. Era quello ancora il tempo in cui la canzone napoletana «andava a piedi...» come sagacemente ebbe a dire Aniello Costagliola. Erano i tempi in cui, se solo una canzone piaceva, passava di bocca in bocca, di strada in strada, di quartiere in quartiere, per estendersi a tutta la Città, le città, il mondo. Ma il giovane Eduardo seppe farsi valere, e con il passaporto di quei primi due successi arrivò a interessare i già grandissimi S. Di Giacomo, F. Russo, P. Cinquegrana, G. Capurro e A. Califano. Legò però il suo nome, in modo quasi indissolubile, a quello di un giovane guantaio che gli era stato presentato ma sotto le vesti di assistito, Vincenzo Russo. Che c'entra l'assistito? Ebbene, don Eduardo aveva il vizio del gioco del lotto. Pensava, si illudeva, di risolvere in quel modo la sua indigenza. Questo vizio accomuna, associa e consocia, a Napoli, ma non solo, molti, iniziati o fedeli, e fa proseliti per quella religione che è la speranza. Il sodalizio fra i due, anche se non durò a lungo (Russo morì nel 1904), produsse alcune fra le più belle, e ancora oggi apprezzate, canzoni napoletane: *J te vurria vasà*, *Torna maggio*, *Canzona bella*, *A serenata d'e rrose*, *Maria, Marì*, che egli volle dedicare alla figliola Maria. Quando la sera, stanco e prostrato dalla continua mancanza di soldi, apriva il cancello di Villa Volpe al Vomero, dove abitava con la moglie Concetta Coppola e la figlioletta Maria, questa gli correva incontro per abbracciarlo. E mentre lui le cantava *Oj Mari Oi marì!*, lei faceva eco con un *Oi papà, Oi papà!* Questo, come ci ha descritto il suo amicone Giovanni Capurro, era il momento più bello della sua giornata. Al successo della sua produzione non corrispose però anche una adeguata tranquillità economica. Si pensi che la sua famosissima *'O sole mio*, quando fu presentata al concorso de La Tavola rotonda, si classificò solo seconda dietro la pur valida *Napule bello*, vincendo il premio di duecento lire. Pochi in seguito i piccoli diritti a lui corrisposti dalla casa editrice Bideri, che divenne nei fatti l'unica destinataria dei proventi della stessa.

Il malinconico Edoardo è senz'altro il più dolce, il più toccante dei canzonieri napoletani del Ventesimo secolo. Un principe del canto un po' triste, ma tenero e gentile, del canto che s'insinua, pieno d'inquietudine e di dolore, nelle nostre fibre così passionali, del canto che si esprime con un metodo di speciali combinazioni melodiche, che generano a mano a mano che le ascolti, a volte una specie di eccitazione e a volte di addormentamento. Ai tempi del Di Capua, dappertutto si poteva morir di fame, ma a Napoli, e lui lo sapeva, di fame si viveva! Con la morte di Vincenzo Russo la sua voglia di comporre si affievolì, ed egli si costrinse sempre di più nel mestiere di pianista, insegnando canto, facendo ripassare le canzoni a improbabili cantantine, dirigendo piccole orchestrine di varietà, specie al Teatro dei Fiorentini o commentando al pianoforte, in sale cinematografiche di secondo e terzo ordine, i film muti, come d'uso all'epoca. Venne infine anche il suo momento di lasciare questa valle di lagrime. La storia vuole che ciò accadesse, come da egli stesso profetizzato, quando fu costretto a vendere il suo pianoforte. E Piero Elia così volle chiosarne la dipartita: «Il Maestro buono, gentile, modesto e sincero, che tanta simpatia e tanta ammirazione aveva saputo conquistarsi, moriva solo, povero, abbandonato, nell'agghiacciante ingenerosa indifferenza del cuor cittadino. Nel delirio del trapasso, Edoardo Di Capua intese il freddo dell'abbandono e, buono sempre, non maledisse, non imprecò. E disparve in silenzio». Erano le tre del mattino del 3 ottobre del 1917.

Ebbene, questo autentico genio, figlio di quella Napoli, matrigna per alcuni, non possiamo neanche piangerlo su di una tomba, essendo stato egli «collocato» in una fossa comune. Sì, perché il compositore della canzone che ha incassato di più nella storia musicale napoletana, come diritti d'autore, ebbe bisogno, per andare alla sua ultima dimora, che suoi amici artisti facessero una colletta per pagarne il carro funebre.

CARLO VENEZIANI (1882-1950)

Poche e frammentarie le notizie su Veneziani. Si sa che era nato in Puglia, a Leporino, in provincia di Taranto, il 12 giugno del 1882, e che giovanissimo si trasferì a Napoli per completare gli studi. Si laureò in legge, ma il titolo gli servì a poco perché già nel periodo universitario mise il suo talento intellettuale al servizio dei giornali. Collaborò al «Monsignor Perrelli», a «Il travaso delle idee», a «Contropelo», con lo pseudonimo di Gii Blas.

L'incontro con Maldacea deve essere stata una manna dal cielo per entrambi perché, con Veneziani, don Nicolino ebbe l'opportunità di porsi all'attenzione del grande pubblico come scrittore arguto e garbato. Per lui il Veneziani scrisse numerosissime macchiette, tanto da occupare quasi totalmente gli ultimi quattro libretti dedicati al genere, editi dalla Bideri.

Tanta potenzialità non poteva restare relegata al Sud, divenuto per lui troppo stretto. Decise allora di trasferirsi a Milano, dove si costruì una nuova vita.

Commediografo, novelliere, autore di libretti di opere, di soggetti per film, ottenne il pieno riconoscimento del suo ingegno e una certa tranquillità economica.

Morì a Milano il 17 gennaio del 1950.

Tra le sue macchiette: *Il forestiere*, *L'avvocatessa*, *Il dormiglione*, *Il mio pizzo*, *La camera*, *Il matematico*, *Il professore di latino*, *Il sofista*, *Il fiorentino*, *Il mondano sportsman*, *Il ballerino*.

EGIDIO PISANO (1889-1973)

Nacque a Napoli il 5 marzo del 1889 e nel mondo artistico per tutti fu sempre Gigi Pisano. Fecondo autore di canzoni comiche e macchiette, dopo un'intensa carriera, anche sulle tavole del palcoscenico, arrivò tardi al mondo della poesia, del rimare, del versificare. Come fine dicitore, rimase tre anni alla Sala Umberto di Napoli in Galleria. Poi, e siamo nel 1916, fece coppia con Cesarino Faras. «L'uno e l'altro», questo era il nome del fortunatissimo duo. Le scritture fioccavano e il nostro Gigi si faceva onore ogni sera nei teatri di tutt'Italia: dal Maffei di Torino alla Sala Umberto di Roma, dal Trianon di Napoli al S. Martino di Milano, dalle Folies Bergère di Firenze all'Umberto di Napoli. La storia non ci dice perché, un certo giorno, abbia deciso di lasciare il Faras e proseguire da solo. Si sentiva, e in realtà era, padrone della scena, dotato di una voce accattivante, intonata, piacevole, educata. Ma Raffaele Viviani, uno che la sapeva lunga, lo ingaggiò come primo attore nella sua compagnia. Con Viviani restò sette anni, e in più col grande genio scrisse un lavoro teatrale a quattro mani, *'O spusalizio*, che entrò nel repertorio della compagnia. Incontrò di nuovo Faras e con lui fondò una società, R.O.S.E.A., acronimo di Riviste – Operette – Sketch – Eccentricità - Attualità, a cui partecipò anche il figlio di un benestante costruttore, ottimo cantante, Mario Mari. Portarono a correre su e giù per l'Italia la rivista «Tutti in cupola». Era un genere di spettacolo che anticipava il cabaret e che si affermava con il consenso del pubblico anche se veniva rappresentata in una modesta cornice scenica e con scarsi effetti di luci e di colori. Il successo di Pisano aumentava e, dietro insistenti richieste scrisse la sua prima canzone che, guarda caso, è in italiano: *Tendina rossa*. La musica la compose il maestro Fortezza, che aveva insistito per avere quei versi. Pisano dimostrò quindi anche la sua versatilità riuscendo altresì a essere un ottimo estensore di versi. Già apprezzatissimo nell'ambiente come attore e cantante, non ebbe difficoltà a legare il suo nome a compositori già molto noti: E.A. Mario, Nicola Valente, Rodolfo Falvo. Il Gotha della Canzone Napoletana di quel tempo.

Nel 1927, all'orizzonte si profilò un altro personaggio di grandi capacità, colui che diventerà il suo alter ego: Giuseppe Cioffi. Due anni dopo il loro incontro, nel 1929, nacque il loro primo successo: *Cuscritto 'nnammurato*. Il sodalizio fu lunghissimo, e ciò che produsse è ancora sotto gli occhi di tutti: *Ciccio formaggio*; *I due gemelli*; *Alzo in collo e me ne vo*; *Datemi Elisabetta*; *L'hai voluto tu*; *Donn' Amà*; *Come son nervoso*; *Lauretta Pompapon*; *Quagliarulo se ne va!*; *Teofilo Pennacchio*; *Agata*; *Ciucculatina mia*; *M'aggia curà!*; *Clementina Santafè*; *Non mi posso ribassà*; la citata *Cuscritto 'nnammurato*; *Mazza Pezzo e Pizzo*; *Olga Fornacelli*; *M'abbrucia e me fa male*; *Mio carissimo Pasquale*; *Rea confessa*; *Penserotti*.

E mi fermo qui, perché è chiaro quale sia stato lo spessore della coppia Pisano-Cioffi. A questi titoli va aggiunto *'Na sera 'e Maggio*, che tanta commozione provocò negli animi di chi amava la purezza dei sentimenti, la passione e l'amore. Basterebbe anche solo questa canzone per fare loro un monumento in Piazza Plebiscito. Comunque oltre mille furono i brani di Gigi Pisano, a cui vanno aggiunti alcuni lavori teatrali e soggetti cinematografici. Il destino decise la sua fine il 28 maggio del 1973. Cioffi morirà il 20, sempre di maggio: *'Na sera 'e Maggio*, forse perché nessuno dimenticasse l'anniversario della loro morte.

Questi i titoli di alcune macchiette scritte da Gigi Pisano: *Comm'è bella 'a stagione*; *Genoveffa*; *Pecchè 'o Papa nun è Re*; *Canzuncella pe' furastiere*; *'A luna e 'o mare*; *'N accordo in Fa*; *No tu m'e a fa fa.*

GIUSEPPE CIOFFI (1901-1976)

Nacque a Napoli, il 3 novembre del 1901, in corso Vittorio Emanuele. Ebbe la straordinaria dote di saper portare l'allegria in tante generazioni. Giuseppe Cioffi infatti è stato uno degli autori più prolifici di canzoni comiche e di macchiette. Suo padre avrebbe voluto che facesse il ragioniere, ma Giuseppino sentiva in sé il sacro fuoco dell'Arte e così abbandonò algebra, aritmetica e partita doppia e si iscrisse al Conservatorio di San Pietro a Majella per frequentare il corso di violino. Le sue belle dita a salcicciotto non sembravano affatto idonee a volare sulla tastiera dello strumento. Fu quella, però, una preoccupazione inesistente, perché conseguì una tecnica talmente raffinata da annullare il problema della grossezza delle dita. Studiò anche il pianoforte, che presto divenne lo strumento principe della sua vita artistica. Sino a quando una sera, mancando il direttore dell'orchestra nella quale suonava, fu chiamato a sostituirlo. Il piano divenne così il tavolo da lavoro sul quale componeva e orchestrava le sue allegre melodie.

Vasta fu, come già detto a proposito di Pisano, la sua produzione di macchiette, sulla cui trama poetica riusciva a tessere il giusto ordito, creando la fusione necessaria alla nascita di capolavori. A questo proposito è giusto ricordare alcune fra le sue macchiette che ebbero grande successo: *Ciccio formaggio, M'aggia cura', Dove sta Zazà, Mazza, Pezza e Pizzo, Agata, Cuscritto 'nnammurato, L'hai voluto tu, Abbracciato col cuscino, I due ge-*

melli, Fatte fà 'na foto, Fravula frà, Martellacore, 'A rossa, 'A luciana. Ma Cioffi lasciò un significativo segno anche nella canzone melodica: *Scalinatella, 'Ncatenacore, Tutte e sere, Bona furtuna, Pusilleco sentimento. Lettera napuliata, 'O rammariello, Quatto passe pe Tuledo, 'O Scarpariello, Chitarrella chitarré.*

Questi sono solo alcuni dei più di duemila titoli delle canzoni da lui composte, cui vanno aggiunte anche due opere liriche scritte con il barone De Lutio. Con un pedigree come questo, penso che Cioffi entri di diritto nella schiera dei grandissimi. Un nome, il suo, che rimarrà indelebilmente impresso nelle grandi pagine della nostra musica. A lui venne riconosciuto l'Oscar europeo della Canzone, e questo premio fu il più prestigioso nell'immenso medagliere che si guadagnò con la sua prolifica attività. Dal matrimonio con Bianca Garberini, rampolla di un'ottima famiglia napoletana, ebbe due figli: Luigi, ottimo paroliere, morto per infarto a soli 45 anni, e Immacolata, che lo aiutò molto quando, lasciata La Canzonetta, fondò la sua casa editrice. Inutile dire che un compositore di così grande capacità avesse il campanello della porta della sua casa, in via Miradois, decisamente consumato. Un via vai continuo di parolieri, verseggiatori, sedicenti poeti, tutti che tentavano un approccio con lui e avevano una canzone da proporre. Ma Cioffi, salvo qualche deroga felice, predilesse sempre Gigi Pisano. Con lui scrisse tutti i maggiori successi. I due erano talmente in simbiosi che tutt'ora, quando si parla di quel tipo di canzoni, comiche o Macchiette che siano, si parla sempre di quel duo inscindibile: Pisano-Cioffi. Quando purtroppo Cioffi si ammalò gravemente, fu costretto a passare gli ultimi anni della sua vita nella Clinica Mediterranea a Mergellina dove subì, in tempi successivi, anche l'amputazione delle due gambe. L'ultima canzone, che il mondo ancora deve ascoltare, la scrisse proprio con De Como durante la degenza e s'intitola *Santa Maria d' 'o Faro*. Un giorno di maggio, il 20 del 1976, volava nel paradiso degli artisti.

GIUSEPPE VILLANI (1875-1944)

Il solo annuncio di uno spettacolo di Peppino Villani già faceva presagire un sicuro divertimento. Si muoveva nella difficile arte della Macchietta con passo sicuro, mai grossolano né volgare, anche se a volte poteva sembrare che si spingesse oltre. Tutto ciò dipendeva dalla sua formazione, che gli consentiva, nel fare battute anche pesanti, di porgerle con un certo charme, con quella ammiccante sobrietà e moderatezza che consentiva di lasciarle scorrere senza evidenziarne la durezza. Nacque a Napoli il 3 luglio del 1875, figlio di Giuseppe, suonatore di corno nell'orchestra del Salone Margherita. Ebbe così modo di frequentare quell'ambiente sin da bambino, di respirare la polvere del palcoscenico. Quel mondo gli si attaccò sulla pelle, gli entrò nelle carni, nell'anima. Il padre lo avrebbe voluto avvocato o ingegnere, ma il fatidico richiamo dell'arte lo portò a evitare tutto questo e a tuffarsi in quell'avventura. Per poter partecipare al suo primo spettacolo non esitò a modificare, tagliando, allungando o accorciando dove ve ne fosse bisogno, il suo vestito della prima comunione. Il vero debutto giunse a diciotto anni al Teatro Nuovo con *E lappese a quadrigliè*. Capì che per un successo duraturo avrebbe dovuto costituire un repertorio tutto suo, come del resto aveva insegnato Maldacea. Con pazienza riuscì in questo suo intento e i risultati non si fecero attendere. Il pubblico si divertiva con quelle invenzioni, accorreva sempre più numeroso alle sue esibizioni, e applaudiva incondizionatamente. Arrivarono anche le gratificazioni economiche, le scritture si susseguirono, il suo nome appariva ora a caratteri cubitali come meritava una vera star. Le sue erano esibizioni a presa rapida, come il cemento. La cartella a tracolla, un grembiulino da scuola, il berretto da marinaretto, ed eccolo avanzare sulla ribalta per mimare *'O sculariello*. Poi lo troviamo alle prese con *'O professore e 'o cucchiere*, e con *Totonno 'e quagliarella*. Una sequela di osservazioni filosofiche spicciole sulla bocca di un incallito bevitore. Va precisato che il primo interprete di questa indovinata e inossidabile macchietta in realtà fu lui, anche se Viviani ne fece un suo cavallo di battaglia e diede l'impressione di essere quello che l'ha lanciata. La vita artistica di Villani prese una nuova forma quando incontrò Marietta Tedeschi, una cantante particolarmente bella con la quale nacque un ferreo sodalizio artistico. Talmente ferreo da tradursi nella sfera privata in un matrimonio che durò fino alla morte prematura della Tedeschi. I loro duetti diedero nuova carica e nuovo entusiasmo alle platee con il gioco della contrapposizione. Gustosi, con maliziose sfumature, in quell'incrociarsi di battute sagaci, sottili, ironiche, pungenti. Rappresentarono vari tipi di soggetti, così ben caratterizzati da sedurre anche gli spettatori più esigenti. Non poche noie causarono i loro nomi accostati sul cartellone: Villani-Tedeschi. Molti furbissimi poliziotti austriaci a Trieste aprirono delle inchieste, per quella che sembrava a prima vista un'offesa dell'Italia alleata ai tedeschi. Ce ne volle per far comprendere che quelli erano realmente i loro cognomi. Quando la moglie mancò, lui si accompagnò per molto tempo alla bellissima romana Bianca Dianora (Marcella Biancone), conosciuta in una fortunata serata in casa di amici. Marcella, figlia di un'ottima famiglia di intellettuali della capitale, non aveva nessuna intenzione di dedicarsi all'arte, ma

quando fu invitata a cantare dal maestro Enrico Cannio, lo fece con tale maestria che al Villani venne spontaneo proporle di far coppia con lui. Con lo scoppio della prima guerra mondiale tutto cambiò. Villani, per sopravvivere, accettò di lavorare con Maldacea, e per la loro compagnia di riviste Villani-Maldacea, il regista Gioacchino Forzano scrisse il copione *C'era una volta un lupo,* che fu portato in giro per tutta la penisola con grande successo. Villani continuò per molti anni la sua vita di artista tanto che fu attivo anche durante la seconda guerra mondiale. Si esibiva in piccoli teatrini rionali, ma si sa che il fuoco dell'arte non ti lascia finché non ti ha consumato. Morì a Roma, lontano dalla sua Napoli, il 22 ottobre del 1944.

Tra le macchiette da lui portate al successo: *A cura 'e mammà, So' sempe 'o stesso, 'O squitato, Madama chichierchia, Quanno mammeta nun ce stà, 'E rragazze.*

ARMANDO GILL (1877-1945)

Armando Gill, all'anagrafe Michele Testa, fu uno dei più delicati, e al contempo maliziosi cantori delle piccole storie di ogni giorno. Attento osservatore delle umane vicende, seppe coglierle e descriverle con una gentilezza e una delicatezza che appartenevano al suo modo personale di essere artista.

Nacque a Napoli il 23 luglio 1877. La famiglia voleva che studiasse giurisprudenza, sognando per lui una brillante carriera di avvocato. Ma durante la sua vita studentesca frequentò le «periodiche» in casa di amici e ottenne successi lusinghieri. Si convinse che ben altre dovevano essere la sua strada e la sua vita, tanto che a soli diciannove anni arrivò il primo successo vero, popolare, con *Fenesta 'nchiusa*, di cui aveva scritto i versi, a cui si aggiunse, tre anni dopo, il successo ottenuto con *Surdate*. La sua strada era ormai quella. Via le pandette e largo al palcoscenico. Quando lo calcava, non ce n'era per nessuno. La sua grande abilità nell'improvvisare in rima lo impose al grande pubblico, che accorreva numeroso. I riconoscimenti piovevano da tutte le parti, persino dai suoi colleghi. Una sera, a Palermo, volle andarlo a sentire Angelo Musco, grande attore siciliano. Rimase talmente colpito dalle qualità di Gill che chiese di andare in camerino a salutarlo. Poi, quasi colto da un raptus irresistibile, con un carboncino scrisse sullo specchio: «Armando Gill de lu triate de Varietà principe supreme, autore, diciture, cantante, ha fatto ririri pure a mia ca fazzu l'arti di fare ririri».

Armando Gill fu anche altro, per esempio un verseggiatore con alti momenti poetici, attento al sentimento:

Palomma te chiammava mamma toia
Palomma e ne facive lacremelle...
'Chella nun sape 'a casa soja,
sempe cumpagne e cumpagnelle!
...anfin'a che, nu juorno, pe' destino,
te 'ncapricciaste cu nu signurino...
... Aggiu saputo mo ca staje malata:
fort'è si 'a tire 'nnanze 'sta vernata...

...E chillo ch'avri' 'a stá vicino a te,
sta nott'e ghiuorno 'int'a nu tabarè!...

Colombella, così ti chiamava tua mamma/Colombella e ti mettevi a piangere/perché non volevi stare mai a casa tua ma sempre in giro./Fin quando un giorno incontrasti il tuo destino nelle vesti di uno pseudo signorino./Ora ho saputo che stai molto male e forse non passerai l'inverno/Colui che ti sarebbe dovuto stare vicino si diverte sia di notte che di giorno nei Tabaren.

Come si possono dimenticare i versi di questa storia di disagio sociale che lui così magistralmente scrisse e cantò? Allo stesso modo non cadrà nell'oblio la storia di Colosimo Capuano, *'O zampugnaro 'nnammurato*, che ha toccato il cuore di molte generazioni di napoletani e non solo, col racconto del giovane e povero zampognaro il quale abbandona lassù sulle montagne di Avellino la fidanzata Filomena per una ricca signora, purtroppo già maritata.

Gill era capace di passare dal pianto al riso con una maestria degna solo dei più grandi maestri. Nascevano così: *Lui lei e gli altri sei, Villeggiatura a Capri, Al mare, Beatrice, Gina mia,*

Rispetti all'antica, La matematica, La donna al volante, E allora, Sul tram di Posillipo, Al tempo dell'està, Un fatto graziosissimo, M'accadde un anno fa.

Macchiette satiriche, umoristiche, esilaranti, e al tempo stesso profonde, forti, che ben descrivevano il suo mondo borghese. Ariose, solari, brillanti, raggiungevano quel ceto medio che viveva di esteriorità, di cose fatue, superficiali, vanesie, vuote ma tipiche del suo tempo (ma non solo).

L'automobile è un veicolo
Quando passi c'è pericolo
Se ti'incontra int' 'a 'nu vicolo
State attenti all'ombellicolo.

Ne scriveva i versi, le componeva, le cantava ed era un suo vezzo presentarle così: *Versi di Armando, musica di Gill, cantate da Armando Gill.* Non amava viaggiare, e se costretto, lo faceva quasi con sofferenza, e questa sua innata idiosincrasia ha fatto sì che non oltrepassasse mai i confini nazionali. Soggiornava a Roma anche per periodi lunghi, quasi fosse stata una sua seconda casa. Ciò che lo rendeva unico, artisticamente parlando, era la capacità di improvvisare su un motivetto sempre uguale, ripetitivo. Aveva una voce in falsetto, molto personale, al limite dell'intonazione, che nel finale lasciava molti dubbi sulla tonalità. Un sorriso sornione era l'espressione tipica della sua maschera d'attore, caratterizzata dall'immancabile monocolo e da un ciuffo cascante sulla destra (che a Napoli viene detto comunemente *'o cocco*), la gardenia al risvolto dell'impeccabile frac e il monocolo. Aveva mutuato questo modo di fare spettacolo dal comico Ciccio Marzano, attivo intorno al 1870. Appariva sorridente alla ribalta, avanzava a passi piccoli e lenti, mentre l'orchestra diretta da Ernesto Tagliaferri accennava in sordina il motivo della canzone: il pubblico applaudiva e Armando Gill non deludeva mai l'attesa. Tutta la seconda parte dello spettacolo era sua e cantava ancora:

Quando Rosina scende giù dal monte,
Con l'anfora lucente sulle spalle.

e ancora:

Conoscete la mia Gina, conoscete la mia Gina
Chi vuole con le donne aver fortuna
Non deve mai mostrarsi innamorato
Vorrei morire
Per non soffrire
Ma il cuore si ribella
Dice: perché?
Tanto ce n'è
La troverai più bella.

E infine l'attesa «improvvisata», piena di brio, gradevole e scorrevole, con la quale intratteneva il pubblico con argomenti di attualità.

Di ogni cosa sapeva cogliere il lato comico. A tutti rivolgeva un frizzo, una punzecchiatura ironica, conservando sempre il senso della misura, una sobrietà, una correttezza e un'eleganza di autentico *causeur*. Il fatto è che Gill era un vero signore.

Lo spettacolo, quando debuttava Gill, si prolungava fino a tarda ora.

«Fuori erano le carrozzelle in fila, dall'altezza della chiesa di San Giuseppe, fin giù a Piazza della Borsa, la fioraia Mimì, il sigaraio cieco che faceva concorrenza a Stefano, il popolare sigaraio dell'Eden, i nottambuli cui piaceva assistere all'uscita del pubblico dal Teatro. Una nota di colore: poco dopo si affollavano i ristoranti, Rafele, il Falstaff alle Chianche della Carità, il Grottino della Concordia, Caso di Via Sergente Maggiore e ogni altro ritrovo notturno. La vita gaia e spensierata di Napoli continuava. Poche ore ancora e gli ufficiali di Cavalleria avrebbero dovuto raggiungere la caserma di San Pasquale, e non mancava molto perché il campanello della Chiesa della Pietà dei Turchini in via Medina annunciasse la prima Messa.»

Questo brano l'ho tratto da Erminio Scalera, il grande e distinto giornalista.

Gill si ammalò mentre la seconda guerra mondiale aveva da poco lasciato Napoli e continuava a fare lutti al Nord. Il 2 gennaio del 1945 usciva per l'ultima volta di scena, questa volta fra l'indifferenza di quanti pur lo avevano ammirato.

ERNESTO TAGLIAFERRI (1888-1937)

Chi ha avuto la fortuna di vederlo in azione in qualità di direttore d'orchestra ha detto di lui che era uno spettacolo nello spettacolo. Nonostante la sua mole gigantesca, quando saliva sul podio, lì nel «golfo mistico», si trasformava tanto da sembrare una figura leggera, quasi eterea. Le sue mani trascinavano alla ribalta schiere di cantanti sapientemente istruite, piegate al gioco dell'espressione, animate da quel fuoco che riusciva ad accendere nelle loro gole fioche o indotte. In lui però era sempre presente il piglio esigente del maestro che nulla concede al dilettantismo.

Ernesto Tagliaferri, uno dei grandi che la Canzone Napoletana annovera tra i suoi figli migliori, era nato a Napoli nel popolare borgo di Sant'Antonio Abate il 18 novembre del 1888. Figlio unico di Giuseppe, barbiere che nel quartiere aveva la sua bottega e che avrebbe voluto che il figlio facesse il suo stesso mestiere. Purtroppo per lui, però, a pettini, forbici, spazzole e rasoi il nostro preferiva altri strumenti ben più armonici: quelli musicali. Si sentiva trasportato, rapito addirittura, quando ascoltava la bella musica napoletana, che proprio negli anni della sua formazione ebbe il momento più alto della sua espressività. Volle allora prepararsi, e per farlo frequentò il Conservatorio di San Pietro a Majella dove conseguì il diploma in violino. Deve essere stato curioso vedere quel pezzo di ragazzo di quasi due metri con in mano uno strumento così piccolo e delicato. Ma la sua abilità nel trattare quello strabiliante strumento deve essere stata sicuramente notevole se riuscì, fresco di diploma, a vincere un concorso come primo violino nell'orchestra del Real Teatro San Carlo di Napoli. Che però la vita si cristallizzasse in quella professione di violinista non era scritto nel destino e così Ernestone cominciò a comporre musica per i suoi amici. Nel 1912 compose la prima canzone *Rumanzetta militare* su versi di E.A. Mario. Poi conobbe Libero Bovio, per cui musicò *Napule canta*, che lo portò al successo e alla notorietà.

Con la guerra alle porte, Tagliaferro vestì la divisa grigioverde e andò a farsi onore nel difendere la Patria. A guerra conclusa tornò a Napoli e lì, come era prevedibile, cominciò a costruire la sua nuova vita di compositore e direttore d'orchestra. Ben presto divenne il più ambito e corteggiato dai big della canzone di quei tempi. Ma non si lasciava intimidire da nessuno, tanto che durante le prove, se per sventura a qualcuno di loro capitava di sbagliare il motivo o di non imbroccare bene l'intonazione, diventava collerico e irrefrenabile, lasciandosi andare a colorite espressioni. Nonostante ciò era il preferito della Donnarumma, il che è dire tanto.

Lavoratore indefesso e amante del suo mestiere nell'accezione più ampia del termine, lo si trovava sempre in prima fila sui podi delle orchestre che a settembre animavano le Piedigrotte musicali, così prolifiche di stupende canzoni, ma non disdegnava di dare lezioni private di violino. Proprio così conobbe Lucia D'Orlando, una giovane di Torre del Greco, sorella di un suo allievo, Pasquale. Non passò molto tempo da quell'incontro perché si giungesse al matrimonio. In seguito si trasferì definitivamente a Torre, nella Villa Liguori. Come sia nato il fortunato e prolifico sodalizio con Ernesto Murolo non è dato sapere, penso che un motivo di avvicinamento sia stato proprio l'aver il nome, Ernesto, in comune. Ciò che è indiscutibile è che quell'amicizia ha prodotto una marea infinita di brani ad altissimi livelli, sia poetici che musicali, come *Un'ora al San Carlino*, famosa commedia comico-sentimentale e, nel 1920, *Napule ca se ne va*, la «Napoli sincera ca pur'essa se ne va», che trasse ispirazione da quanto segue.

Sotto il regno di Gioacchino Murat era iniziata la costruzione della strada che da Mergellina porta fino all'attuale parco della Rimembranza, e si sa che quando si apre una strada nuova nascono inevitabilmente nuovi agglomerati urbani. All'inizio furono solo ville patrizie o di facoltosi commercianti, quella del Duca d'Angri che apre la strada o Villa Pavoncelli, Villa Peirce, come Villa Ruffo o Villa Martinelli; ma questa è un'altra storia, e ciò che a noi interessa è che questo inurbamento, all'inizio discreto anche se pretenzioso, ben presto si allargò senza grande controllo, finendo per diventare uno scempio, seppur forse necessario. Grandi palazzi e parchi che fecero sì che migliaia di ettari di giardini, alberi, centenarie case coloniche, venissero sacrificate alla modernità. La musica di Tagliaferri era «fusione d'ispirazione e di costruzione, pulitezza di forma e leggiadria di sostanza, magistero di tecnica e malia d'ardore meridionale, piccolo cosmo ove le spontanee virtù di una terra inesausta di germi si creano lo strumento personale al fine di saldare nello smalto il gaudio della voce umana», disse Saverio Procida e aggiunse: «Nessuno più di lui aveva in anticipo obbedito al comando del Duce: andare verso il popolo. Tutti i segreti dell'anima elementare egli conteneva nella propria. La sua melodia che si piegava e si distendeva come onda, sapeva rassettarsi e pulirsi deliziosamente nella strofa e nel ritornello prima di versarsi sulla folla. Ma la toletta della modulazione e dell'armonia di questo sapiente artefice musicale non attentavano mai alla spontaneità lirica che suggeva il miele dagli alveari dei nostri campi e cercava il profumo del sentimento nei fiori delle nostre aiuole».

Nel 1934, per far fronte allo strapotere della case editrici napoletane, ma anche per voglia di indipendenza, dette vita all'avventura de La Bottega dei quattro con Bovio, Valente e Lama. Purtroppo i frutti non furono né molti né succosi, cosicché dovettero ben presto abbandonare. Il lavoro era molto e stressante ed egli spesso doveva rinunziare al piacere di un qualche dopo-teatro a tavola con gli amici e le signore sempre ben disposte. Il venerdì sera del 5 marzo 1937 avvertì delle forti fitte e quel senso di soffocamento caratteristico degli attacchi di angina pectoris. Alle 9 del mattino del giorno seguente, al Vomero, nella casa di Ernesto Murolo, giunse la funesta telefonata che informava che Ernesto Tagliaferro era venuto a mancare un quarto d'ora prima, alle 8,45. Aveva così termine l'opera terrena di questo grande musicista che ci ha donato, e ancora ci dona, momenti di serena felicità quando ascoltiamo le sue sublimi creazioni musicali.

CARLO ALBERTO SALUSTRI IN ARTE TRILUSSA (1871-1950)

Trilussa, anagramma del suo vero cognome, nacque a Roma il 26 ottobre del 1871. Suo padre morì quando lui aveva appena tre anni e la sua infanzia ne fu segnata. Gli studi furono molto irregolari, tanto che si può definirlo un autodidatta. La sua propensione a verseggiare lo portò ad accostarsi alla poesia, scoprendo così di avere uno spiccato talento per la satira. Nacquero le prime operine che interessarono Luigi Zanazzo del giornale «Il Rugantino». Nel 1889 pubblicò a soli diciotto anni il primo volume di versi, *Le Stelle de Roma*. Era solo un primo approccio con quel mondo, ma il riscontro fu positivo e Carletto lasciava intravedere la stoffa del satirico. Seguiranno altri volumi: *Quaranta sonetti* (1895), *Favole romanesche* (1900), *Caffè concerto* (1901), *Er serrajo* (1903), *Ommini e bestie* (1908), *Le storie* (1915), *Lupi e agnelli* (1919), *Le cose* (1922), *La gente* (1927) e altri ancora. Ma parlando di Macchietta, non ne fu autore sporadico, ma anzi frequentò il genere con assiduità. La prima, *Il balbuziente*, ebbe musiche di Alipio Calzelli, direttore d'orchestra del Margherita. Trilussa la scrisse per Nicola Maldacea:

So-sono intelligente e ca-carino
Ma tengo un pi-pi-piccolo difetto
Qua-quando pa-pa-parlo ba-balbetto
E m'impu-punto sempre un po-pochino.

Venne poi *La cocotte intellettuale* che elaborò prendendo come spunto Maria Tegami, un personaggio da lui inventato per una rubrica pubblicata sul «Travaso delle idee». Si trattava di una donnina di facili costumi che amava usare parole altisonanti ma sgrammaticate, vantandosi di ispirarsi al dannunzianesimo. Scriveva versi più o meno idioti sputando sentenze, oltre a raccontar fatti e fatterelli privati di deputati e senatori:

La vita della donna? È un punto nero!
A quindici anni già lo presentivo,
e in forza ai sentimenti che sentivo
decisi di scappar dal monastero!
...Fu quello il primo passo
Falso, non ve lo nego...
Ma... facciamoci un frego!
Ma... facciamoci un casso!

Le sue Macchiette, come ben si intuisce, avevano uno spiccato carattere romanesco. L'ispirazione sarà stata dettata dalla vicinanza a Montecitorio. Vi compaiono infatti uomini politici che della casa

della cocotte avevano fatto una seconda Camera. Era lì, Maria Tegami dice, che se ne tenevano le sedute.

Trilussa, riferisce Maldacea, era il più alto dei suoi autori, due metri circa, forse qualche centimetro in meno, cortese, simpatico, generoso. Non frequentò mai circoli e cenacoli, preferendo le osterie dove incontrava tipi e personaggi dai quali prendeva ispirazione per le sue poesie, gli scritti vari e le sue Macchiette, tra le quali è doveroso ricordare: *Il vetturino Cicerone; Al museo meccanico; Il patriotta della domenica; Un cameriere filosofo; Il gerente responsabile; Maaa!; Il timido; L'imbarazzo della scelta; L'assassino moderno; La cocotte malinconica; Lo scilinguato; La prima ballerina; Il benefattore moderno.*

Il Presidente della Repubblica Luigi Enaudi lo nominò senatore a vita per alti meriti letterari. Era il primo dicembre del 1950. Dal letto nel quale era relegato, commentò: «M'hanno nominato senatore a morte». Scomparve venti giorni dopo, il 21 dicembre.

ETTORE PETROLINI (1886-1936)

Nato a Roma il 13 giugno del 1886, sin da bambino mostrò la sua innata predisposizione a fare il teatro, come amava ripetere. Si intrufolava in funerali che non avevano nulla a che fare con lui e, disperandosi in modo più che vistoso, si faceva compatire: «Sarà il figlio, un nipote?», si interrogavano i presenti. «Ma se non era sposato», qualcuno rispondeva. «Allora sarà il figlio del portiere», era la sentenza di chi la sapeva lunga. Lui dal canto suo gioiva, era riuscito nel suo intento: fare teatro. Per lavorare nel varietà si rivolse all'agente Giulio Fabi, che gli propose di entrare nella compagnia di Angelo Tabanelli, che si esibiva a Campagnano, in provincia di Roma, salvo chiedergli in cambio quattro scudi. Quell'esordio nella scalcagnata compagnia si rivelò disastroso dal punto di vista economico. Fu costretto allora a scappare, dato che era rimasto privo di soldi. E il Panzaliscia (questo il soprannome di Tabanelli) pretendeva da lui un centinaio di lire come contropartita per il fastidio di averlo nella sua compagnia, somma che gli era stata assicurata dal Fabi. Al suo ritorno a Roma seppe che il manager frequentava il Caffè Concerto Gambrinus in piazza dei Cinquecento. Vederlo e aggredirlo fu tutt'uno, e così riuscì a ottenere una prima, vera scrittura retribuita. Inizialmente per sei lire giornaliere, poi ridotte a quattro, dato l'allungamento del contratto: da dieci giorni, a tre mesi. Il dieci per cento del guadagno andava al Fabi. Il suo nome cominciò a essere conosciuto negli ambienti artistici ed egli si industriò anche come capocomico. Fin dal suo debutto con *Il bell'Arturo* presentò Macchiette e canzoni napoletane. «Il teatro di Campagnano era un vecchio granaio municipale ove, la sera stessa dell'arrivo, debuttai con la macchietta *Il bell'Arturo*. Al refrain, misi un piede sull'estremità di una tavola dell'improvvisato palcoscenico, fatto di tavolacce male inchiodate che posavano su due cavalletti. Il mio peso fece sollevare una tavola e andai a finire di sotto con una elegantissima lussazione a un piede. Il pubblico, regolarmente, si divertì un mondo e chiese il bis, mentre io piangevo dal dolore e dalla rabbia. Fu l'inizio del mio destino. Mi accorsi che ero veramente votato all'arte comica.»

Ammiratore del genere, ne creò di sue: *Nerone*, *L'Amante dei fiori*, *Amleto*, *L'antico romano Archimede, Baciami, baciami*, *Il bell'Arturo*, *La Caccavella*, *Canzone guappa*, *Cirano*, *Il conte d'Acquafresca*, *Il Cuoco*, *Il Danzadero*, *Divorzio al parmigiano*, *La Domatrice*, *Faust* (*Oh Margherita!*), *Fortunello*, *Giggi er bullo*, *Isabella e Beniamino*, *Ma l'amor mio non muore*, *Maria Stuarda*, *Napoleone*, *Paggio Fernando*, *I piedi*, *Il poeta*, *Il prestigiatore*, *I Salamini*, *Er Sor Capanna*, *Stornelli maltusiani*, *Ti à piaciato?*, *Il Turco*.

Difficile dire quale fosse il modello di spettacolo che Petrolini presentava al pubblico. Pur avendo partecipato a delle riviste («Zero meno zero», «Acqua salata», «Contropelo»), pur avendo fatto della prosa (*47 morto che parla* e *Il cortile*), non si può assolutamente affermare che egli sia stato un attore di prosa o di rivista. Possiamo dire invece che appartenne al grande mondo del Varietà e che è riuscito sempre a brillare di luce propria. Una luce vivida, luminosa, splendente, smagliante, affascinante. Un faro in un mondo costruito, molto spesso, sull'emulazione, sull'avventura.

Molti furono i contatti che ebbe con artisti napoletani: Maldacea, Villani, Gill, con il quale, al primo incontro, diede vita a una tenzone poetica. Purtroppo un così grande talento concluse la sua vita troppo presto, quando lo spettacolo poteva continuare.

Aveva solo 50 anni quel 29 giugno del 1936.

Viene ricordato anche per l'atteggiamento beffardo nei confronti della dittatura quando, in occasione della medaglia che Mussolini gli volle conferire, pronunciò l'immortale ringraziamento: «E io me ne fregio!»

BERNARDO CANTALAMESSA (1859-1917)

Bernardo Cantalamessa nacque a Napoli il 26 settembre del 1859. Famoso interprete di macchiette scritte per lui da autori di grande fama, è ricordato soprattutto per *'A risa* (*La risata*), che fu anche la sua prima incisione (1901). Maldacea racconta nelle sue memorie che lo spunto di *'A risa* era venuto a Cantalamessa dopo aver ascoltato, attraverso la «pera» di caucciù, la registrazione su rullo di un brano di un cantante di colore americano. Si racconta che la regina Margherita, durante una sua esibizione nel brano, sia caduta dalla sedia per le risate.

Duettò con le regine del varietà come Amelie Faraone e Olimpia D'Avigny e conobbe grande notorietà grazie alle tournée nei più importanti teatri del mondo.

La sua fu una vita molto travagliata, non solo nel senso della vicenda artistica. Mi riferisco alle scelte che avrebbe voluto fare, alle difficoltà economiche che non gli consentirono di scegliere ma lo obbligarono ad accettare. Penso che il nostro Bernardino, per cui ho molto affetto pur non avendolo ovviamente mai conosciuto, abbia più volte dovuto piegare il capo. Ciò che non riuscì ad avere per sé, lo pretese dal figlio Bruno: studiare per avere una vita tranquilla, normale. Soprattutto gli vietò di frequentare il mondo del teatro. Da questa volontà così fortemente espressa, si capisce che, nonostante il successo, avrebbe forse preferito una vita diversa. In tal caso, sarebbe andata peggio a noi, al suo pubblico, che

non avrebbe applaudito un artista così grande, che si spense a Buenos Aires il 17 marzo del 1917. Ciò che lo distingueva dagli altri, da tanti altri, era il suo modo di porsi, la sua grandissima signorilità. Difficilmente si osservò un suo momento di defaillance, né mai una battuta volgare.

Ecco di seguito una serie di Macchiette e canzoni che fecero parte del suo repertorio, molte delle quali scritte da lui stesso: *Voglio siscà, Se ti ritiri tu, Chiòchiò chiò,'O mbriaco, A risata nova, 'Nu prufessore di trombone a spasso, Guì guì.*

TOTÒ (1898-1967)

Antonio,Vincenzo, Stefano Clemente De Curtis principe Griffo Focas Commene di Bisanzio. Nato a Napoli il 15 febbraio del 1898 da Anna Clemente e dal marchese Giuseppe De Curtis. Verrà riconosciuto da questi solo nel 1928. Fu attore? Comico? Macchiettista? Poeta? Musicista? Sì! Fu tutto questo sicuramente! Ma non solo, fu molto di più. Totò fu una maschera. Come Pulcinella, Arlecchino, Balanzone o Brighella. Portò sul palcoscenico della vita le gioie le miserie, le furberie, l'arte della sopravvivenza. A soli quindici anni, iniziò a frequentare i teatrini di periferia, esibendosi in macchiette a imitazione del repertorio di Gustavo De Marco*, con lo pseudonimo di *Clerment*.

* Gustavo De Marco è nato a Napoli il 24 dicembre del 1883, figlio di due attori dialettali Rodolfo, e Letizia Crispo. Si dice che, come nella migliore tradizione teatrale, Donna Letizia lo partorì dietro le quinte del teatro San Ferdinando aiutata da attori, macchinisti, servi di scena. Il nome Gustavo gli viene imposto dal padre che quella sera interpreta proprio un personaggio con quel nome ne *I due sergenti*. Strano a dirsi ma egli debutta, piccolissimo, proprio in quella stessa commedia. Questo l'esordio e per il suo modo di muoversi viene soprannominato :il comico di caucciù, il comico-zumpo. Si costruisce un suo repertorio basato sui doppi sensi che spesso rasentano la volgarità più pura. Gira moltissimo da Vienna a New York, da Budapest a Boston, e poi in Argentina e in Brasile. Nel 1917, mentre la prima guerra mondiale sta per terminare forma compagnia con Mongelluzzo e Marchetiello debuttando al Trianon di Napoli. Per i finali De Marco usa il crescendo rossiniano del Guglielmo Tell. Ha semore molto successo fino a quando non lascia la sua Napoli nel gennaio del 1942.

Scrive Ettore De Mura: «Totò portò alle estreme conseguenze un tipo di comicità che in sé riassumeva tutte le forme di spettacolo che si conoscano: dalla parola al gesto, dalla disarticolazione del corpo al travestimento. In lui la commedia dell'arte confluiva con tutti i suoi umori, dalla sonorità dello sberleffo napoletano alla battuta caustica, sapientemente introdotta da pause calcolate volta per volta, a seconda della temperatura della platea. Fu, quella di Totò, una comicità che aveva i valori rappresentativi del balletto e l'incisività del mimo, ove il substrato di una vena popolaresca era sempre palese, ma in una dimensione nuova, perché il "personaggio Totò" riusciva a fondere le risorse dei vecchi comici del teatro Nuovo con l'allusione tagliente del Teatro d'avanguardia». Agli inizi degli anni Venti si trasferì a Roma con la famiglia e lì iniziò a frequentare i teatrini di periferia, incontrando sulla sua strada veri e propri tiranni come Umberto Capece, che non solo non lo retribuiva, ma quando una sera era giunto in ritardo e chiese almeno i soldi del tram fu da questi sbattuto fuori, in una serata di pioggia torrenziale. Finalmente, una mattina decise di presentarsi da Giuseppe Jovinelli, che subito comprese le potenzialità di quel giovane e gli diede la possibilità di esprimersi. Dopo qualche mese, il nome in cartellone, un camerino tutto suo e il successo con le fantasie di Gustavo De Marco. I soldi però tardavano ad arrivare ed egli era costretto a camminare sempre indossando il suo vecchio cappotto militare, che gli nascondeva il nulla di cui si copriva. Con i soldi della liquidazione avuti dallo Jovinelli e con l'alienazione del cappotto finalmente poté comprare un abito, che però sembrava più da scena che da passeggio. Solo che con quell'abito creò quello che sarebbe diventato il suo personaggio. Bombetta lisa, un tight troppo grande per lui, un corto pantalone a righe, un colletto inamidato e una stringa per cravatta. Fu Pasqualino, un suo amico parrucchiere di via Frattina, che gli fece avere una scrittura alla Sala Umberto I in via della Mercede. Con le sue macchiette, *Il bel Ciccillo*, *Vicolo*, *Il Paraguay*, ebbe un immediato successo. Sin dalla prima sera, un pubblico più evoluto di quello che fino ad allora aveva accompagnato la sua vita artistica si accorse di lui e ne decretò il successo, sottolineato da numerose richieste di bis. Questi gli esordi, la sua misera adolescenza e la gioventù. Poi vennero le sue grandi compagnie di rivista, il cinema, la televisione, poca per la verità. Tutto quanto ci ha mostrato e ci ha lasciato è di patrimonio comune. Il solo rivangarlo sarebbe solo un'inutile, interminabile ripetizione. Fra le sue canzoni, non macchiette, una menzione particolare va a *Malafemmena*, che scrisse nel 1951 ed ebbe un fulmineo successo quando venne cantata per la prima volta da Giacomo Rondinella. Poi ebbe migliaia di incisioni e riproposizioni in film, come *Totò, Peppino e la... Malafemmina*, del 1956, cantata in quella occasione da Teddy Reno. Fra le non numerosissime presenze televisive, «Il Musichiere» con Mario Riva. Evito il compianto perché altrimenti non ne uscirei più, ma mi è doveroso ricordarne una memorabile con Mina.

Morì a Roma il 15 aprile del 1967. Il 17 aprile alle 16.30 il feretro giunge a Napoli dove si svolgono i funerali nella basilica del Carmine.

UGO RICCI (1875-1940)

Ugo Ricci, Mascarillo, Triplepatte, chiamatelo come volete, tanto la sua personalità è talmente inconfondibile da non poterla nascondere dietro alcun nome. Nacque il 10 gennaio del 1875 a Napoli. Dotato di una buona cultura, si dedicò al giornalismo, che lo volle per anni autore dei *Mosconi*, la pagina di commento alla vita della città. Era stimato e amato anche dai colleghi. Si racconta che avesse bisogno di farsi la barba più volte al giorno. Una volta si recò a Caserta con il collega Pignalosa, e i due si fermarono a pernottare nella stessa camera. Al risveglio, la mattina dopo, Pignalosa gli osservò le guance e commentò: «E comme va? Te si cuccato bambeniello e te scite San Giuseppe?»

Distinto, dinoccolato, magrissimo, portava monocolo, bombetta e bastoncino, e i colli delle camicie sempre ben stirati e «mpusumati». Sembra che li mandasse a lavare a Londra, un vezzo comune a tutti i *viveur* della buona società napoletana. Collaborò con varie testate, dal «Monsignor Perrelli» al «Ma chi è?», da «La Stampa» di Torino a «Il Mattino», nel quale rimase per circa trent'anni. Nel 1902 la sua poesia *Palmetella* fu musicata da Eduardo Di Capua. Fu quello il suo primo approccio con la canzone. Si dedicò però soprattutto alla Macchietta, e ne scrisse una ventina per Maldacea tra cui: *'O caffè Calzona, Il membro del comitato, L'automobilista, Il tenentino, L'enfant terrible.* E tante altre attribuite allo stesso Maldacea o a coloro che

le musicarono. Con la poesia *Chi nasce quatro* disegnò la caricatura di eccentrici e noti personaggi napoletani:

... e me lo faccio il po' di stocco fisso
A San Liborio, da Pasquale Sessa
Detto 'A zitella'
Ove cenava il povero Peppino;
Peppino De Martino, il Pulcinella.

Nato a gennaio, moriva il 25 dello stesso mese, sessantacinque anni dopo, nel 1940.

ROBERTO MUROLO (1912-2003)

Roberto Murolo è nato il 19 gennaio 1912, ma al momento della dichiarazione venne registrata la data del 23. Da allora fu costretto a festeggiare il suo genetliaco in quella data, ma se ne rammaricava molto, perché gli cambiava il segno zodiacale. Pur essendo figliolo di cotanto padre, il poeta Ernesto Murolo, e avendo conosciuto bene i vari Di Giacomo, Russo, Capurro, Bovio e quanti altri passavano nella casa paterna, amava, forse in una naturale contrapposizione al padre, la musica straniera. Così, col quartetto MIDA, partì per l'estero a cercare fortuna. Tornò in Italia nel 1946 dove, sciolto il quartetto, cominciò una nuova carriera da solista. Fu prima a Bologna, poi a Roma e infine, su sollecitazione del fratello Massimino, approdò a Capri, al Tragara Club, dove grazie alle atmosfere internazionali e all'esperienza che aveva maturato nei tanti anni di tournée all'estero, riscosse un notevole successo. Il suo repertorio internazionale era apprezzatissimo, però ben presto si rese conto che necessitava di un ampliamento, che avrebbe dovuto aggiungervi le canzoni di Napoli. Fu così che ne mise in repertorio alcune del padre, ma anche dei grandi autori che aveva conosciuto personalmente. Canzoni di cui, forse, aveva assistito persino alla nascita. E figliolo di cotanto padre, come avrebbe potuto esimersi dal cimentarsi in prima persona nella composizione di canzoni napoletane? Vennero allora alla luce le sue opere: *O' ciucciariello*, *L'impiegato*, *Semplicità*. Nasceva forse anche il primo cantautore italiano. A lui si deve però anche l'affermazione di tanti altri brani di autori suoi contemporanei. *Nu quarto 'e luna* di Nino Oliviero, presentato da Renato Carosone alla «Canzone del mare» a Capri, in una magica notte estiva del 1951, diventa un suo cavallo di battaglia, così come *Scalinatella*, *Aggio perduto 'o suonno*, *Quanno staje cumme*, *Me so mbriacato 'e sole*, e tante altre canzoni romantiche e commoventi che gli fecero guadagnare il grazioso soprannome di «Murolo del piantolo». Ormai padrone del campo, catalizzava milioni di ascoltatori nei pomeriggi radiofonici col suo quarto d'ora. Noi giovani «apprendisti» cantanti-chitarristi ascoltavamo in religioso silenzio quella voce e quella chitarra, per carpirne tutti i segreti. Signorilità nell'espressione, dolcezza nella voce, semplicità e pulizia della melodia e piena comprensibilità dei testi. Queste le particolarità più evidenti, ma alle spalle penso che un ruolo predominante per la sua formazione lo abbia avuto l'essere vissuto a contatto con i più grandi della nostra Canzone. A cavallo tra gli anni Cinquanta e Sessanta, il colpo di genio. Nasce la *Napoletana*, la monumentale opera discografica da lui firmata, che lo proietta nella storia musicale napoletana. Già caposcuola, diventa così il baluardo, il portabandiera, lo scudo protettivo, l'essenza della vera Canzone Napoletana. A lui, da quel momento, faranno riferimento tutti coloro che vorranno sia cantare che ascoltare in modo compiuto, ma semplice allo stesso tempo, i capolavori di quel nostro passato musicale.

Va sottolineato che ho fatto menzione alla *Napoletana* non perché unica nel suo genere ma vorrei ora prendere in considerazione il motivo che spinse il Murolo alla pubblicazione di una collana così importante. Varie sono le scuole di pensiero, ma per chi visse il divenire di quella operazione, la storia è piuttosto nota. Dopo il 1954, Roberto ebbe un momento di riflessione sul procedere della sua storia di artista, tanto da essersi appartato e distaccato dalla vita pubblica, ma non dagli «amici». Tra questi c'era Alberto Continisio, noto chitarrista di quegli anni, che lo affiancava spesso nelle serate vip napoletane e gli suggerì di leggere alcune canzoni pubblicate nella raccolta del De Meglio, per i tipi della Ricordi. Era questa una summa di brani del Settecento e dell'Ottocento che, non più proposti, erano quasi scomparsi dalla memoria della gente. Così si fece strada l'idea di riportare in luce alcuni di quei capolavori del passato. Nascevano i primi sei LP contenenti otto brani ciascuno, quarantotto brani in tutto. Quelle incisioni datate 1955-56 erano una novità nel panorama musicale allora di moda. Murolo si accorse subito che quell'esperienza era predestinata a un grande successo e fu questo che gli diede la forza di uscire da quell'empasse, da quel torpore artistico in cui era caduto. Si pensi che era giunto addirittura a pubblicare alcune sue canzoni con lo pseudonimo di De Giuseppe. Superato però il momento critico, e con la nuova vitalità che gli venne proprio dalla pubblicazione della citata *Antologia*, presentò al Festival di Napoli una sua canzone, *Torna a vucà* che arrivò in finale. Il ghiaccio era rotto. L'anno successivo, nel 1959, vinse il Festival con *Sarrà chi sa*, scritta in collaborazione con Renato Forlani. Iniziò anche la definitiva registrazione e pubblicazione della *Napoletana*. Per la costruzione dell'Opera, composta di 161 brani, fu fondamentale la collaborazione del chitarrista Eduardo Caliendo che firmò anche le elaborazione di tutte le canzoni dei primi quattro album. Questo lo dico perché ha una importante rilevanza storica. Me ne accorsi quando, a distanza di anni, mi accinsi a registrare la mia «Antologia». Riscontrai allora che molti dei brani facenti parte della *Napoletana* di Murolo non erano conformi alle stesure originali. Ne parlai con lui, ed egli mi confidò che quella era stata in realtà una scelta di Caliendo, che preferì, per le canzoni «di pubblico dominio», la elaborazione, ossia la sostituzione di alcune note musicali. La qual cosa, però, non modificava né lo spirito né l'intenzione degli autori originali. Per la stesura dei commenti alle canzoni che sono contenute nella raccolta, Murolo si avvalse della collaborazione qualificatissima di Max Vajro, che però gliene lasciò la primogenitura. Ma cosa significò, e ancora oggi significa, la presenza di questo documento storico nel mondo musicale? Esso, a mio avviso, è l'iniziale punto di riferimento, di conoscenza sonora della storia della Canzone Napoletana. A esso si sono riferiti la gran parte degli artisti che si sono voluti relazionare col repertorio napoletano. I suoi contenuti, di altissimo valore artistico e di estrema semplicità di esposizione, sono serviti sia alla diffusione che alla conservazione del nostro patrimonio melodico più qualificato. La *Napoletana* fu solo il primo momento della rivisitazione del nostro passato musicale. Infatti a seguire registrò quattro monografie dedicate a grandi del passato. E poi aprì un'altra porta sul passato con i due LP di *Come rideva Napoli*. Murolo prevenne e forse indirizzò quella schiera di cantanti comici o macchiettisti che ancora oggi trovano vita facile «cu 'na risa e 'na pazzia». Si volle cimentare anche nella composizione di canzoni comiche, allegre e Macchiette: *Le tre papere* (1938), *Pienzece buono, Ciccillo mio* (1951), *'O ciucciariello* (1951), *L'impiegato* (1952), *'A Gallenella* (1954), *Concettina e 'a motoretta* (1958), *Don Nicola 'o cosacco* (1959),*Cic ciac* (1960), *Sansone e... Camilla* (1960), *'O guappo* (1968), *'O purtafoglio 'e pelle* (1962), *Signorina Camilla* (1963), *O vestito grigio chiaro* (1966), *Steso al sole* (1967),*'O scupone* (1968) e *'O panzone* (1985).

Siamo negli anni '65-66 e sembrerebbe che ormai sia stato detto tutto su Napoli. Invece ecco che, quasi ad anticipare l'imminente '68, momento topico della contestazione giovanile, Murolo presentò una monografia su Raffaele Viviani. Venne allora invitato a esibirsi in quei teatrini d'avanguardia che tanto furoreggiavano all'epoca. Egli andò e vinse. In quel momento il mondo artistico tradizionale della Canzone napoletana fu totalmente assente. La Canzone Napoletana sopravvisse quindi a se stessa grazie a un gruppo minoritario di cantanti-chitarristi e di orchestrine che ne tennero alto il buon nome. Resterà così presente nel caotico nuovo mondo musicale mondiale. Molto, se non tutto, lo si deve proprio alle opere di Murolo, fonti inesauribili di quel repertorio specifico, a cui tutti fecero riferimento saccheggiandolo. Ecco cosa ha significato Murolo, con il suo grande carisma e la sua vita di artista. Grande Artista. Unico.

LIBERO BOVIO (1883-1942)

«Passa per uno che non ha bisogno, quel povero diavolo che, prima di chiedere cinque lire, si farebbe saltare le cervella. Io per esempio, non ho bisogno. Ma le mie scarpe mi guardano a bocca aperta.» E ancora: «Molte volte l'uomo taciturno è scambiato per un pensatore mentre non è che un povero fesso che non ha nulla da dire». Sembrerebbero le osservazioni di uno scrittore satirico, sono invece contenute in un delizioso libretto, *Don Liberato si spassa*, scritto nel 1941 da Libero Bovio. Poeta, canzoniere, scrittore, novelliere, commediografo, editore, garbato conferenziere. Figlio del filosofo Giovanni Bovio, così iniziano tutte le sue biografie, si formò allo studio e all'osservazione profonda. Questo simpatico chiattone, come egli stesso si amava definire, vedi in *Don Liberato*, quando passava in carrozzella per le strade di Napoli veniva fatto segno di affetto e ammirazione dal popolo napoletano. Giovanni Sarno dice che Bovio è stato il poeta più popolare e più amato dai suoi concittadini. Forse l'unico ad acquistare anche in campo nazionale ammirazione e rinomanza. Per Ettore De Mura egli è poeta vigoroso, che in ogni suo componimento seppe inquadrare, con sintetici ma profondi tocchi, un dramma, uno squarcio di vita, tormentata e amara, rievocativa e nostalgica. Per Tilgher, Bovio è uno dei massimi responsabili dell'idea che oggi si fanno di Napoli i non napoletani: quella di una città ove dalla mattina alla sera e dalla sera alla mattina, vecchi e giovani, uomini e donne, ricchi e poveri, d'estate e d'inverno, in acqua e in terraferma, non fanno che cantare. Francesco Bruno, pur inserendolo tra gli scapigliati, lo definisce un po' crepuscolare e ironico, amaro e decadente. Aniello Costagliola lo considera come un giovane di mente e di cuore che sa dare intonazione letteraria e squisitezza melodica alla canzonetta popolana. Potrebbe anche essere un giudizio lusinghiero: se solo avesse chiamato le sue canzoni «canzoni» e non canzonette popolane. Quale la differenza? Egli quando parla, per esempio, delle opere del di Giacomo, del Russo, del Capurro, del Galdieri le chiama «canzoni». Come mai, allora, questa differenza che il Costagliola fa, anche per tutti quei giovani poeti della generazione successiva a quella del Di Giacomo, e che relega in un capitolo intitolato «Penombre vespertine»?

Qui il compito si fa arduo, perché i poeti che avanzano col nuovo secolo, come scrive il Costagliola, sono in realtà quelli a noi più vicini, quelli di cui conosciamo maggiormente le canzoni, quelli che più abbiamo ascoltato e amato; quelli di *Reginella*, *Voce 'e notte*, *'O surdato 'nnammurato*, *Pusilleco addiruso*, quelli che più di altri ci sono stati presentati come i padri della nostra canzone. Allora bisogna trovare una chiave di lettura per capire cosa vuole dire il Costagliola, e non solo lui. Egli è contemporaneo dei vari e veri padri della canzone napoletana del secolo d'oro, e quindi conosce di costoro molto se non tutto e infatti ne scrive, come abbiamo avuto modo di dire più volte. Sicuramente conosce a fondo le basi sulle quali si costituì questo movimento poetico-musicale, che ha dato quei frutti che ancora oggi si possono raccogliere. Vi è quindi in parte nel suo metro di giudizio quella sufficienza di cui molto spesso si ammantano i più grandi (d'età). Non per questo voglio insinuare che tutto quanto da lui detto e scritto sia discutibile; qualcosa l'ha centrata sicuramente, e quel qualcosa lo condivido, anzi ritengo che sia uno dei saggisti della Canzone Napoletana tra i più brillanti, sanguigni e aderente ai fatti. Ripeto, li ha vissuti in prima persona e non per sentito dire. Vi consiglio di leggere il suo *Napoli che se ne va*, ristampato da Berisio.

Per tornare a Bovio, concludendo, dico che sarebbe meglio, dato che i giudizi sono controversi su alcuni punti, e per farsi una propria idea, leggere le sue opere e farsene una opinione personale. Prima di morire dettò questi versi: *Maria, saluta Napoli per me, dille che è stata 'a passiona mia, dille che l'aggio amata comme a te.*

EDUARDO CALIENDO (1922-1993)

Nato a Napoli il 10 novembre del 1922 nel quartiere della Sanità, Eduardo era figlio di Ettore Caliendo, notissimo nel mondo musicale napoletano, ottimo arrangiatore e mandolinista. Quando il figlio nacque gli destinò una chitarra costruita da Filano, il fantastico liutaio di via Speranzella. Io quella chitarra l'ho vista, è conservata in una bacheca insieme a una Fabbricatore, una Ventepane, una Vinaccia e una piccola Gallinotti costruita appositamente per la moglie, Enza Dorian.

Eduardo si nutrì quindi di musica sin dalla nascita. Quando alla fine della seconda guerra mondiale Roberto Murolo tornò a Napoli, cominciarono a frequentarsi e a suonare insieme. Li ricordo dai primi anni Cinquanta, anche a casa dei miei zii dove li ho visti esibirsi. La compagnia, oltre a Roberto ed Eduardo, era composta da Alberto Continisio con la sua arabescata chitarra, Maria e Massimino, sorella e fratello di Roberto, e Giulio Patrizi. Era piacevolissimo ascoltarli, Napoli era uscita da poco dalla guerra e c'era una gran voglia di dimenticare. Andarono avanti così per anni, fino a quando a Roberto Murolo capitò un incidente di carattere privato che lo fece ritirare dalla vita sociale per lungo tempo. Uno dei pochi amici che gli rimasero accanto fu proprio e sempre Caliendo, che oltre a invogliarlo a registrare quella famosa *Napoletana* di cui parliamo nella scheda dedicata allo stesso Murolo, se ne fece parte dirigente. Cercò i brani in biblioteche, conservatori, licei musicali. Insomma, gli fece tornare la voglia di esserci. Ma ciò che va rimarcato è che con la pubblicazione della *Napoletana*, Roberto occupò un posto di rilievo nella storia della nostra canzone, diventandone un riferimento solitario e rilevante. Ora va detto che tutta la preparazione, le ricerche, gli arrangiamenti che Eduardo Caliendo fece per Murolo furono fatti a titolo gratuito. Sovente, alla moglie che gliene chiedeva ragione, rispondeva: «E che faccio? Me piglio 'e sorde 'a 'n'amico?». Gli unici soldi li riceveva, per il suo ruolo di turnista, dalla casa discografica Durium, quando andava a Milano a registrare. Questa storia lasciamola qui, ma era doveroso parlarne perché non se ne fa cenno in nessuna sua biografia. Eduardo Caliendo ebbe una lunga carriera di insegnante, aveva iniziato già nel 1953, quando fu chiamato dal professor Marciano a dirigere uno dei primi corsi di chitarra classica presso il Liceo Musicale di Napoli. Da quel momento avrà tantissimi allievi che si affermeranno, ma ci vorrebbe molto spazio per citarli tutti. Fondò anche una sua scuola intitolata al grande chitarrista napoletano Ferdinando Carulli. Nel 1972 accettò di dirigere la cattedra di chitarra del Conservatorio Domenico Cimarosa di Avellino. Sovente è stato membro di commissione di esame sia in Conservatorio che in concorsi nazionali e internazionali per chitarristi classici. Il grande poeta e scrittore Giuseppe Marotta, rapito dalla sensibilità unica che Eduardo mostrava per la chitarra, gli dedicò una sua poesia intitolata per l'appunto *A chitarra*: «E po' che d'è 'a chitarra?/Musica 'nzino ca te scarfa e te cunnulea/Sott"a mano ca ll'accarezza chiagneno e rideno 'e ccorde a primma sera e dint"o vico 'e suonne vottano 'a rezza/È doce, è carne 'e femmene 'a tastiera/Calié sona/Calié tuzzulea - a 'sti porte affatate/Chiamma 'o diavolo e chiamma a Dio:- ca facessero pace 'int"a chitarra - e ce dessero pace/Sona, chitarra c"e chitarre, pe' chi tene 'o core 'e neve pe' chi tene 'o core 'e tufo, pe' chi tene 'o core 'e pece, sona/'A chitarra scioglie e scava,

’a chitarra mo’ vasa e mo’ vatte, ’a chitarra e no ’a mamma ’nce ha fatte a nuie ca simmo nate ccà pe’ ’nce sunna’ ’e campà».

Ma è mai possibile che un forte dispiacere ti possa condurre ala morte? Ebbene sì! Ed è esattamente ciò che capitò a Eduardo Caliendo un mese dopo aver lasciato la casa di via Aniello Falcone. Quella casa nella quale aveva vissuto tutto il meglio della sua vita. La casa da lui tanto amata era stata venduta e il nuovo proprietario ne aveva richiesto il rilascio. Si era dovuto trasferire suo malgrado in via De Dominicis, alle spalle di piazza Medaglie d’Oro. Eduardo aveva un amico col quale aveva avuto un lungo percorso artistico, denso di soddisfazioni, ma anche di rinunzie. Nel mondo musicale, e diciamo pure solo agli addetti ai lavori, è noto che la *Napoletana*, la famosa antologia di canzoni napoletane di Roberto Murolo, aveva avuto proprio in Eduardo Caliendo l’ispiratore, il ricercatore dei brani, il compilatore, l’arrangiatore e l’esecutore chitarrista. Per amore della verità bisogna dire che alle prime incisioni partecipò anche Alberto Continisio che poi si ritirò perché mal sopportava che tutto il merito andasse solo a Roberto. Purtroppo tutto ciò non è ben evidenziato come etica avrebbe voluto. Ma l’amicizia, nella vita sentimentale di Eduardo, aveva occupato sempre il posto d’onore. E per lui Roberto era un amico, o almeno questa era la sua idea. Di conseguenza rimase molto deluso allorquando, facendo ricorso all’amico, perché si sostituisse a lui nell’acquisto dell’appartamento, non avendo in quel momento liquidità per altri impegni assunti, vide la sua richiesta restare inevasa. Per Eduardo era basilare abitare lì, sapeva quanto gli necessitasse il calore di quelle mura ed era disposto a pagare qualunque «pigione» pur di rimanerci. Roberto però ritenne il prezzo (25 milioni di lire) troppo alto (sarà venduta in seguito per 480 milioni di lire). E poi di case ne aveva già tante. A nulla valsero, quindi, le suppliche di Eduardo.

Roberto fu irremovibile. Fu un brutto e inaspettato colpo per Eduardo. Tornato a casa, era furibondo e in uno di quegli impeti d'ira, che prendono talvolta anche i più buoni, stracciò tutti gli arrangiamenti che aveva fatto per Murolo, compresi quelli dei dischi su Viviani e su *Come rideva Napoli*. In un attimo tutto il lavoro di decine di anni finì distrutto e nella spazzatura. Quella vicenda lo segnò a tal punto che egli visse il momento del distacco dall'appartamento di via Aniello Falcone come un vero e proprio dramma. Quando con la moglie andò a firmare il contratto per la sua nuova dimora le disse: «Sto ghienno a firmà a cundanna a morte».

Chiudo con una sua frase: «Guagliò, quanno 'a chitarra chiagne, 'a siente tremmà 'ncopp 'o core».

NINO TARANTO (1907-1986)

Nino Taranto debuttò a 14 anni non ancora compiuti al Teatro Centrale di Napoli, nei pressi della Stazione, riscuotendo un immediato successo con un repertorio di canzoni drammatiche e comiche. Il gestore del teatro (e anche del mitico Eldorado di Santa Lucia, dove si esibivano Pasquariello, Viviani, Maldacea) era il Cavaliere Antonio Adamo detto «l'allimmatore» per la sua abitudine di «limare» le paghe dei suoi artisti. L'anno successivo nacque la Compagnia dei Piccoli, grazie a un'idea dell'impresario Cavalier Mimì Maggio. Alcuni giovani attori interpretavano un repertorio vario, composto da sceneggiata e canzoni. Tra i «piccoli attori» c'erano i fratelli Beniamino, Dante e Pupella Maggio.

Nino incontrò Totò al Teatro La Fenice di Napoli. Cominciò a girare l'Italia. Debuttò al Teatro Apollo di Milano con un repertorio di canzoni napoletane. Il 28 luglio del 1928 sposò Concettina, nata e cresciuta nello stesso quartiere di Forcella e, incredibile a dirsi, nata nel suo stesso giorno mese e anno. Da questa unione nacquero tre figli, Maria, Raimondo e Carmela. Si fermò a Napoli nella compagnia di sceneggiata Cafiero-Fumo, dove lo troviamo al Teatro Trianon mentre recita in *Io songo 'o pate*. È del 1930 la sua prima tournée negli Stati Uniti con Ria Rosa. Debuttò al Teatro Majestic di Brooklyn con molto successo e grandi guadagni. L'anno successivo fondò la sua prima compagnia di rivista e volle rappresentare *Che tempo fa?*, ma il progetto saltò per cause atmosferiche lasciando sul terreno un po' di debiti, per ripianare i quali Nino volò nuovamente negli Stati Uniti per una seconda tournée. Al suo ritorno a Napoli, costituì la compagnia Bruno-Clement-Taranto, che mise in scena un repertorio di sceneggiata, tra cui *Paese mio* e *Carcere,* il cui copione prendeva spunto, come in tutte le sceneggiate, dal testo della canzone. Nino pensò che fosse giunto il momento di mettere su una propria compagnia, la chiamò Compagnia d'Arte Napoletana e la direzione venne affidata a Franz Raspantini. Il repertorio fu tratto da autori napoletani purosangue come Salvatore Di Giacomo, Libero Bovio, Ernesto Murolo. E proprio a don Ernesto venne affidata la direzione artistica. A Taranto toccò vestire, come nella migliore tradizione napoletana, i panni e la maschera di Pulcinella. La critica tributò loro giudizi lusinghieri, ma il pubblico la pensò diversamente e così la Compagnia d'Arte Napoletana chiuse i battenti dopo un anno di repliche. Allora Taranto accettò la scrittura come «macchiettista» alla Casina delle Rose di Roma. Dismesse le vivacissime giacche colorate a quadroni, indossò il frac, quasi a voler sottolineare la forza satirica delle sue cose, portando al successo la famosa macchietta *Il Barone Carlo Mazza*. Roma ti ama o ti ignora, ed egli dai romani venne subito adottato e adorato. La sua vita divenne un susseguirsi di impegni. Entrò nel mondo del cinema, girò due film per la regia di Mario Mattoli: *Nonna Felicita,* con Dina Galli e Armando Falconi, e *L'ha fatto una signora,* con una Alida Valli diciannovenne, Rosina Anselmi e Virgilio Riento. Tornò alla rivista in *Disse una volta un biglietto da mille*, con Wanda Osiris, e contemporaneamente in *Oggi è domenica, dove si va?*, scritte entrambe da Michele Galdieri e rappresentate alla Casina delle Rose. Portò al successo anche *I due gemelli*, *Quagliarulo se ne va* e *Agata*, che egli stesso definì «un classico dell'umorismo cantato». Fu a quel punto che sentì il bisogno di avere una casa discografica che gli facesse incidere questi suoi successi per proporli a un pubblico più vasto. L'occasione gli venne data dalla famosa etichetta La Voce del Padrone. Nacquero così i primi dischi a 78 giri. Il suo fu un continuo trasformarsi, sempre a caccia di nuove forme di spettacolo, e in questo ambito creativo nacque la famosa paglietta a tre punte. La sera della prova generale, al Teatro Bellini di Napoli, Gigi Pisano entrò nel camerino di Taranto con la sua paglietta (l'abituale copricapo estivo di quei tempi). Taranto, con tono per metà serio e per metà scherzoso, gli tolse la paglietta e se la pose sulla testa dicendo: «Quando uno parla con un artista serio come me, il cappello se lo deve togliere!» E aggiunse: «Potrebbe andare bene per la macchietta di Ciccio Formaggio, non vi pare?» Pisano, che era un umorista sorprendente, propose: «Puoi tenertela da subito, tanto più che un poeta come me non riadopera un cappello che è stato usato da una specie di artista come te!» Si fece dare le forbici dalla sarta e ritagliò dapprima due pizzi. Ma poiché da buon napoletano era tremendamente superstizioso, ne ritagliò un terzo di buon augurio.

All'età di 42 anni Nino Taranto fu insignito della nomina a Grande Ufficiale. La sua notorietà valicò i nostri confini e così venne chiamato in Francia per girare il film *Botta e risposta* con Fernandel e Isa Barsizza. La regia era di Mario Soldati.

Tornato a Napoli, debuttò al Teatro Mercadante con la rivista «Sciò... Sciò!», che faceva riferimento a «lo scongiuro per allontanare dal mondo l'indifferenza, il cinismo, l'ostilità e lo sconforto, che furono i tipici veleni di quella seconda metà di secolo». Nel 1953 andò in Sicilia dove girò il film *Anni facili,* tratto da una sceneggiatura di Vitaliano Brancati, opera che alla Biennale di Venezia ricevette premi: per la fotografia ad Aldo Tonti, per la realizzazione ai produttori Carlo Ponti e Dino De Laurentiis e per il migliore attore protagonista a Nino Taranto. Per la parte della giovane figlia del Professore, Taranto suggerì al regista Luigi Zampa di fare un provino a una giovane e bella puteolana che frequentava i suoi figli: Sofia Scicolone, la ragazza che sarebbe diventata Sophia Loren. Cominciò a girare film commerciali che servivano a pubblicizzare e lanciare sul mercato giovani cantanti di musica leggera (Gianni Morandi, Rita Pavone, Bobby Solo, Al Bano e Romina Power). Lui difese sempre quelle esperienze, nelle quali continuava a mettere in mostra altissime capacità artistiche: «Lì», diceva, «si rivelarono anche i padri della Commedia all'italiana.»

È del 1954 la sua prima partecipazione al Festival della Canzone Napoletana come cantante e presentatore. Cantò in coppia con Gino Latilla *A bonanema 'e ll'ammore,* e vinse quell'edizione.

Oramai l'attività artistica di Taranto era un fatto consolidato, e la sua bravura certificata. Tra le tante critiche, scelgo quella che Enrico Bassano gli dedicò sul «Corriere Mercantile» di Genova: «Non ho nessuna incertezza nello scrivere "un grande attore", giudizio che considero di dovere a un uomo di teatro qual è Nino Taranto, che viene dalla grande gavetta napoletana, che ha fatto il Varietà come Viviani e Petrolini, che s'è spassato in Rivista per anni e anni, che ha cantato come Pasquariello, che ha divertito come Antonio Petito, e che oggi, con la piena maturità dei mezzi, impone una classe comica e drammatica che può serbarci ogni grata e bella e grande sorpresa». Teatro, cinema, televisione, varietà, canzoni, tutto egli riuscì a toccare con grande maestria. Poteva piacere o non piacere, ma nessuno ha mai potuto affermare che non fosse bravo. Ha sempre avuto un'energia invidiabile nell'affrontare le sfide della vita e dell'arte. Ritengo questa una delle sue principali caratteristiche umane: la voglia di esserci, di rappresentarsi, di sperimentarsi. Fino all'ultimo giorno di lavoro ebbe evidente l'essenza dell'umiltà, il rispetto per il pubblico.

Gli venne attribuito il Lauro d'Oro al Festival di Saint Vincent, per le sue interpretazioni in italiano de *L'imbroglione one-*

sto di Raffaele Viviani e *Bello di papà* di Belisario Randone e Giuseppe Marotta. È del 1957 la sua canzone più bella e sentita: *Lusingame*, musicata da Mario Festa. Nel 1961 rilevò il teatro Politeama che era andato distrutto da un incendio. Per poterlo ricostruire girò sei film con Totò: *Tototruffa, Totò contro Maciste, Totò contro tutti, Il monaco di Monza, I due colonnelli, Lo smemorato di Collegno.* Così a dicembre concesse l'onore della prima al *Rinaldo in Campo* di Garinei e Giovannini, con Domenico Modugno, Delia Scala, Paolo Panelli, Bice Valori, Franco Franchi e Ciccio Ingrassia, proseguendo poi con una commedia di Salvo Randone e Giuseppe Marotta, *Vado per vedove*, cui fece seguito una commedia di Pirandello, *Pensaci Giacomino.*

Enumerare tutti i film ai quali ha preso parte in veste di protagonista o di comprimario è impresa lunga e difficile. Se poi aggiungiamo a questi le serate televisive, la stesura diventa ancora più impervia. A noi interessa, in questo contesto, raccontarlo come interprete di Macchiette, quelle vere quelle con la M maiuscola, che ne fecero invidiabile e invidiato esegeta di quel genere che in molti avevano provveduto a declassare, a svilire, infarcendolo di doppi sensi e volgarità gratuite. Nella sua qualità di artista a tutto tondo affrontò con maestria pièce teatrali di Viviani, *La figliata* e *Il vicolo* di Titina De Filippo, *Virata di bordo* e *Miseria e nobiltà* di Scarpetta. A soli 51 anni gli fu conferita l'onorificenza di «Commendatore al merito della Repubblica italiana». Nel 1966 si recò per due mesi negli Stati Uniti dove realizzò una trionfale tournée, esibendosi, tra l'altro, nel mitico teatro della Carnegie Hall di New York. Al suo rientro in Italia lo attendeva il set di ben quattro film con Al Bano e Romina. Il 15 aprile del 1967 morì il suo carissimo amico Totò. Fu una perdita incalcolabile. Lui decise di farne traslare la salma a Napoli e organizzò un funerale degno di un Re o di un Imperatore, proprio quel che Totò era stato nell'Arte e nella Vita.

Nell'ultima parte degli anni Settanta, Nino Taranto non accettò di partecipare a compagnie teatrali dalla programmazione classica, bensì accolse inviti a spettacoli televisivi come *Domenica In...*, *Maurizio Costanzo Show*, *Cielo mio marito!* con Gino Bramieri, di Garinei e Giovannini. Ciò avvenne soprattutto a causa delle non buone condizioni di salute della moglie, ormai impossibilitata a viaggiare e dunque a seguirlo nei suoi spostamenti. Fu allora che accettò la proposta di lavorare nella Compagnia del Teatro Stabile Sannazaro, definito la «bomboniera di via Chiaja» a causa delle sue piccole dimensioni che ne magnificavano sia l'ospitalità sia l'acustica. La Compagnia era nata alcuni anni prima dalle iniziative di Luisa Conte e Nino Veglia, e già vi lavorava il «fior fiore» degli attori napoletani: Luisa Conte, Carlo Taranto, Ugo D'Alessio, Pietro De Vico, Giuseppe Anatrelli, Gennarino Palumbo. Quattro anni esaltanti, in cui Taranto ripercorse tutto il repertorio che aveva caratterizzato la sua giovinezza, senza esimersi però dal metter in scena nuove proposte come *San Giuseppe e tre bambenielle* di Nino Masiello, che ebbe l'invidiabile primato del costante «tutto esaurito».

Un po' inspiegabilmente, un po' per problemi di salute presto superati, si mise a riposo forzato, concedendosi molto tempo per passeggiare attraverso la «sua Napoli». Amava farsi circondare dalla gente comune che gli chiedeva autografi, strette di mano, che voleva offrirgli il caffè. Taranto scrive: «Tengo a chiarire che non intendevo assolutamente esibirmi, né ero spinto da particolare vanagloria; tuttavia mi inorgogliva il fatto d'essere sempre nelle simpatie del pubblico e non nascondo che mi terrorizzava il pensiero che mi potesse abbandonare: un attore vive per il pubblico!»

Approfittò per lavorare alla preparazione di uno speciale televisivo in quattro puntate dal titolo *Nino Taranto Story,* tratto da un'idea di Gaetano Di Maio e Gennaro Magliulo, che ne curò anche la regia.

Attratto ancora dal richiamo del teatro, delle tavole del palcoscenico, si sottopose a prove per lui estenuanti, soprattutto ora che la salute era malferma. Dopo due mesi mise su la riedizione di un'opera memorabile di Raffaele Viviani, *'O spusalizio,* in cui interpretò, come era nello stile dello stesso Viviani attore, due ruoli distinti e impegnativi. Purtroppo, riuscì a partecipare solo a poche repliche, a causa di un peggioramento del suo stato di salute. La programmazione proseguì, implacabile, senza di lui.

All'alba del 23 febbraio del 1986, lasciava la sua casa di Parco Grifeo per unirsi ai grandi colleghi che lo avevano preceduto nel lungo e ultimo viaggio.

RENATO CAROSONE (1920-2001)

«Sono nato il 3 gennaio 1920... Dire quando sono nato però non risolve il problema. Adesso dovrei raccontarvi la mia infanzia, i miei primi passi in vico dei Tornieri, for' 'a marina, a due passi da piazza mercato, cuore di una Napoli stracciona eppure nobilissima.»

È questo l'inizio dell'autobiografia di Carosone che ha un titolo che meglio lo rappresenta, come pianista, come autore, come uomo, come artista e come satirico: *Un americano a Napoli.*

A diciassette anni si diplomò in piano al conservatorio di San Pietro a Majella e col titolo in tasca accettò subito una scrittura per esibirsi in Africa con una compagnia, un'occasione per affermarsi nel suo lavoro. A Massaua, con i colleghi e un repertorio di canzoni classiche napoletane le cose non andarono subito bene. Mentre gli altri fecero ritorno in patria, Carosone non volle abbandonare l'Asmara e Addis Abeba. Chiamato alla leva, venne inviato al fronte sempre in Somalia. Finalmente, a guerra finita, entrò in una band jazzistica, cominciando a esibirsi nei club del Paese. La sua avventura durò nove anni. Quando si sentì sufficientemente americanizzato dal punto di vista musicale, avendo appreso le elaborate tecniche jazzistiche, tornò in Italia con un'appendice sentimentale: la moglie Lita. Quello che avvenne dopo è patrimonio comune anche se le vulgate sono più di una, almeno riguardo il primo periodo napoletano. La storia che mi raccontò il compianto commendator Angelo Rosolino, il nonno di Massimiliano, è che egli formò il primo trio con Van

Wood e Gegè di Giacomo nella tavernetta dell'hotel Miramare, dove si esibì riscuotendo un grande successo. Don Angelo, che ne aveva compreso le potenzialità, mise in atto una strategia. Fece annunciare a Carosone che quella sarebbe stata la sua ultima serata a Napoli, perché sarebbe partito per una tournée lontano da Napoli. In realtà rimasero in zona, ma fuori della portata di occhi indiscreti e per lungo tempo si dettero ad affiatare il complesso fino a quando Don Angelo non decise di farli rientrare dalla falsa tournée e farli debuttare in forma perfetta giù alla tavernetta del Miramare. Grande pubblicità: manifesti e spot giornalistici e infatti la sera del debutto il locale era gremito dalla migliore società napoletana. Iniziò così la grande avventura di Carosone che ha guidato il risveglio e il nuovo ciclo della musica leggera italiana. A me interessa però in questa sede ricordarlo come uomo di satira, acuto osservatore dei costumi di cui seppe cogliere i cambiamenti evidenziandoli nelle sue canzoni satiriche. Ecco allora una serie di tipi, Macchiette che volevano mettere in luce l'aspetto più ridicolo e attuale del personaggio. Nasce *Tu vuò fa l'americano, cu 'e cazune cu nu stemma arreto*, i famosi primi jeans Levi's che avevano la targhetta in cuoio sul retro dei pantaloni. Una novità assoluta, mai prima d'allora si erano visti pantaloni così! *'Na cuppulella cu 'a visiera aizata,* alla stregua dei giocatori di baseball. Sia i jeans che la cuppulella a tutt'oggi, e ne sono trascorsi di anni, resistono ancora. E questa canzone segnò l'inizio della collaborazione con Nicola Salerno, in arte Nisa. Nel 1954 un film western ebbe un grande successo specialmente per il suo motivo conduttore: *Jonny Guitar* di Victor Young e Peggy Lee, cantato da quest'ultima. Carosone, anche in questo caso, seppe coglierne il lato satirico creando una canzone di successo: *Giuvanne cu 'a chitarra*. Altro esempio che possiamo classificare nel novero della «Macchietta» avendone tutti i canoni. Solo che il *Giuvanne* napoletano scendeva dai vicoli dei quartieri e non dalle montagne, non ricordo con precisione di dove ma dico del

Montana, va sempre bene. Come non aggiungere l'arguta *Pasqualino marajà*, che faceva il verso al rampollo della famiglia Ottieri, il costruttore che Rosi fece salire agli altari nel suo *Le mani sulla città* per il sacco edilizio portato alla città di Napoli? Il giovane aveva sposato una vera principessa indiana, la qual cosa destò molta curiosità fra i napoletani. Carosone ne approfittò per trarne spunto per la sua divertente canzone, che può essere anch'essa, a buon diritto, annoverata fra le Macchiette dal sapore tradizionale, avendone tutte le caratteristiche. Se si escludono alcune canzoni dal tono romantico, come *Maruzzella,* tutto il repertorio che ha caratterizzato il percorso artistico di Carosone è allegro, spensierato, come *'A sunnambula'*, ma a ben riflettere a volte profondamente significativo come *Pigliate 'na pastiglia*. Ecco perché Carosone merita di essere presente in questo saggio sulla Macchietta e la canzone allegra in generale, come *Torero*, tradotta in dodici lingue e cantata in tutto il mondo.

VITTORIO MARSIGLIA (1943)

Era un pomeriggio inoltrato di molti anni fa in via Chiaia, quando all'altezza del Teatro Sannazaro incontrai Vittorio Marsiglia. All'epoca non lo conoscevo bene come oggi. Con quel suo sorriso da «cuffiatore», mi guardò e disse: «Beato te, te si miso 'o vestito blu, classico, e aje voglia 'e cantà fino a che campe. Io invece», aggiunse, «a ggente si nun a faccio ridere , aggio voglia 'e chiagnere». È un episodio che mi deve essere rimasto talmente impresso nei ricordi che spesso, anche non richiesto, mi ritorna alla memoria. Per Vittorio quelli erano i primi momenti di *Isso essa e 'o malamente*, spettacolo satirico di grande attualità ancora oggi. Fu scritto da Angelo Fusco, ma poi elaborato e reso inimitabile dallo stesso Marsiglia, che fu gratificato dai suoi primi, veri consensi a livello nazionale. A quell'epoca io suonavo a Capri. E lì mi giunse l'eco del successo di quello spettacolo e del suo formidabile protagonista. Così, quasi costretto, andai in quel localino, Il Pungiglione di via Chiaia a Napoli. Constatai di persona le mirabilie che se ne dicevano. Quella serata fu per me una grossa, grassa, incredibile risata. Temetti più di una volta di precipitare letteralmente a terra dalla sedia. Erano tante le gag esilaranti che non si aveva il tempo di riprendere fiato. Poche volte nella vita mi era capitato di ridere così di gusto, tanto che tornai a vedere lo spettacolo la sera seguente, proprio per rendermi conto del perché. Non ci riuscii, non dico a capire, ma a restare freddo. Da dove saltava fuori questo Marsiglia, che esprimeva una comicità degna dei momenti migliori di Maldacea, Gill o Nino Taranto? Lo ricordavo suonatore di basso e chitarra con gli *Albatros* prima e *I sanniti* poi. Ricordavo pure un paio di apparizioni al Festival di Napoli con sue canzoni, ma niente di più. In verità, per anni, nelle sere d'estate a Ischia, nel locale dove si esibiva con il suo complesso, a una certa ora, quasi per gioco, cantava accompagnandosi solo con la chitarra. Ed erano sue canzoni divertenti, brani presi dalla tradizione comico-macchiettistica del repertorio napoletano sapientemente elaborati. Apparve subito chiaro che in quel giovane brillante vi erano tutti i segnali di una sicura carriera da one man show. Nato a Benevento nel febbraio del 1943 da Salvatore, industriale, e dalla casalinga Giuseppina Mercurio, vera regina dei «cicatielli e fusilli», un piatto che ho avuto il privilegio di assaggiare più di una volta. Al saggio di quinta elementare partecipò come attore. Fu rappresentato *L'ispettore* di Carlo Goldoni. L'incontro con la recitazione accese in lui il sacro fuoco dell'Arte, ed egli per completarsi imparò anche a suonare la fisarmonica e la chitarra, che non lascerà più. Da buon rampollo della media borghesia, frequentò una scuola parificata, il Della Salle, passando dal classico allo scientifico a causa della sua irrefrenabile vivacità. Ma a vegliare su un futuro buon esito della sua vita, vi era la figura carismatica di papà Salvatore che, spada d'acciaio in fodero di velluto, vigilava sul suo frizzante figliolo. Purtroppo il dorato mondo in cui Vittorio era abituato a vivere ebbe un brutto scossone. Tutto avvenne una mattina mentre si recava a scuola, allorché vide salire una colonna di fiamme e fumo dalla fabbrica del padre. Fu un luttuoso presagio. Apprenderà di lì a poco della morte del genitore, avvenuta nel tentativo di salvare la vita di alcuni suoi operai. Quando lo racconta, il suo sguardo si vela ancora di una malcelata tristezza. Persa la guida, lasciò la scuola e si trasferì a Napoli per inseguire il suo sogno artistico. Cominciò così a suonare nei locali notturni, siamo nel 1961. Al contrario di tanti suoi colleghi, la gavetta non la fece coi panni del bohémien, dato che comunque qualcosina l'aveva pure ereditata. Questo gli permise di scegliere e non solo di essere scelto. Per un artista è una condizione auspicabile e desiderabile. Le sue libere scelte lo hanno portato a essere oggi quell'artista affermato e ambito da tutti i teatri italiani. Nel suo genere, lasciatemelo dire, ritengo che sia inimitabile, un numero uno, appunto. Chi non lo ricorda ne *Il pranzo è servito* con Corrado, con Bramieri in *Pardon Monsieur Molière*, o con i fratelli Giuffrè nell'esilarante *Francesca da Rimini*. E ancora con Renzo Arbore in *Caro Totò, ti voglio presentare*, o con la Carrà, con Mara Venier, con Gigi Marzullo e con Luciano Rispoli in *Tappeto volante*.

A me piace raccontare invece l'uomo, quello con le passioni, gli slanci di generosità, l'amore smisurato per i cani. Piange ancora il suo Willy, senza vergogna, come fosse un figlio, quel figlio che la sorte ha voluto negargli. Gioviale, con un carattere mite sempre pronto alla pacificazione, è capace di assumersi colpe non sue pur di non fare discussioni: «A che serve», dice, «tanto non cambia niente». Riservato, innamoratissimo della moglie Rosaria, che lo aiuta nella organizzazione degli spettacoli. Beato lui! Ama stare in compagnia, e vanta molte amicizie. A Roma, dove si è trasferito definitivamente negli anni Ottanta, frequenta il mondo artistico, ed è sempre pronto per cene e cenulelle. Ma ciò che lo manda in fibrillazione è l'istante in cui, libero da impegni, può finalmente correre a Ischia e uscire in mare con la barca che comperò da Peppino di Capri in un momento di lucida follia. E allora chi lo ferma più. Ora si dirige a Procida da me, ora a Ventotene per incontrare Claudio Mattone, ora a Capri o a Positano. Capitan Vittorio nun vo sapè niente: va! Alle tredici e passa, il rito di San Pancrazio a Ischia: bruschetta e pesce spada. Unica deroga, bucatini al sugo di coniglio e patatine fritte. Lì Vittorio diventa di nuovo un ragazzino felice, spensierato. A volte parlando con me, davanti a ’nu bellu «perettiello» di vino genuino, si lascia andare e mi confida: «Ma chi ce crede, ca stammo sulo uommene!»

N. 119 A Nicola Maldacea nel suo repertorio
Chiedere calalogo cartoline Bideri - Napoli

SECONDA PARTE

Canzoniere
scelto da Renzo Arbore
tra le canzoni dell'archivio di Carlo Missaglia

La canzone vive sul gusto della filastrocca e su un doppio senso basato sulla cassaforte-contenitore. Il protagonista ne vuole una a ogni costo, in maniera da farle custodire quel che per lui è più caro: tra le altre cose, un corno di corallo, il becco del pappagallo, il moccolo di una candela. La metafora non è poi così oscura. La cassaforte è necessaria anche perché «certi cimeli, se li tieni di fuori, possono sparirti».

'A CASCIAFORTE

(Mangione – Valente)

Vaco truvanno[1] 'na casciaforte!
E andivinate pe' ne fàche?
Non tengo titoli,
non vivo 'e rendita,
non ci ho un vestito pe' cuollo a me!...[2]

Ma 'a cascia mi necessita...
Pe' forza ll'aggi' 'a tené![3]

Ce aggi' 'a mettere tutt' 'e llettere
che mi ha scritto Rosina mia...
'nu ritratto (formato visita)
d' 'a bonanema 'e zi' Sufia...
'nu cierro[4] 'e capille,
'nu cuorno 'e curallo[5]...
ed il becco del pappagallo
che noi perdemmo nel ventitré...

Pe-re-pe-re-pe-re-ppe-ré...

Sono ricordi che in cassaforte,
sulo llà dinto t' 'e ppuò' astipà[6]...
Quando mi privano
del companatico,
io 'ngòtto e zitto senza sferrà[7]...

Lo so! La vita è tragica,
ma 'a cascia... mme ll'hann' 'a dà!

Ce aggi' 'a mettere tutt' 'e llettere
che mi ha scritto Rosina mia...
Il mozzone di una steàrica[8]
(conficcato nella bugia),
'na bambola 'e Miccio[9],
'na lente in astuccio...
e una coda di un cavalluccio
che mi ricorda la meglio età!

Pa-ra-pa-ra-pa-ra-ppa-rà...

Vaco truvanno 'na casciaforte!
Ma a qua' casciere ce 'o vvaco a dì?[10]...
Certe reliquie,
cierti cimeli,
si 'e ttiene 'a fore, pònno sparì!...

San Casimiro martire...
'sta cascia, famm' 'a venì!

Ce aggi' 'a mettere tutt' 'e llettere
che mm'ha scritto Rosina mia,
'na cartella (di lire dodici)
rilasciata dall'agenzìa...
'Na màneca 'e sicchio[11],
'na cràstula 'e specchio[12],
'na corteccia di cacio vecchio
e un fracchesciasso[13] color cakì!

Pi-ri-pi-ri-pi-ri-ppi-rì...

---

1. Sto cercando.
2. Da indossare.
3. Devo ottenerla.
4. Ciocca.
5. Un corno di corallo.
6. Solo lì dentro puoi conservare.
7. Io ingoio e sto zitto senza brontolare.
8. Il moccolo di una candela.
9. Forse antico artigiano napoletano che fabbricava bambole.
10. A quale cassiere vado a dirlo?
11. Il manico di un secchio.
12. Il frammento di uno specchio.
13. Un vecchio frac.

Una ventenne, presumibilmente fidanzata con un tale Papele, ha il corpo che smania tanto da non lasciarla dormire. Un amico saggio continua semplicemente a consigliarle, se davvero vuole guarire, la cura che fece mammà. La ragazza continua (e forse finge...) a non capire quale sia la cura.

’A CURA ’E MAMMÀ

(Cinquegrana – De Gregorio)

Rusinella, mo tene vint’anne...
e smanéa e suspira a tutt’ore...
Ll’hanno ditto ch’è pàlpito ’e core...
’nu remmèdio opportuno ’nce vò’...

- Nèh, cumpà’, che ’nce vurrìa
pe’ sti smanie ca tengh’i’?
Io nun pòzzo cchiù durmì!
Io nun pòzzo cchiù durmì!...

Nèh, cumpà’... che ’nce vò’? -

- ’Nce vurrìa, per farve durmì...
tiritùppete e lariulì...
chella cura che fece mammà...
tiritàppete e lariulà!...-

- Nèh, cumpà’, ma ’sta cura mme giova? -
- Che dicite!...Ve ’ngrassa e rinforza...
Cummarè’, vuje ll’avit’ ’a fà[1] a fforza
ca si no... piglia sotto ’o rraù[2]... -

- E spiegateme cchiù meglio
chesta cura che vò' dì...
I' nun voglio cchiù suffrì...
I' nun voglio cchiù suffrì...

Nèh, cumpà', che 'nce vò'?... -

- 'Nce vurrìa, pe' farve durmì...
tiritìppete e lariulì...
chella cura che fece mammà...
tiritàppete e lariulà!... -

- Nèh, cumpà', fosse amara 'sta cura? -
- Anze è doce...cchiù doce d' 'o mmèle[3] -
- E va buò' mo 'nce 'o ddico a Papèle... -
- Ma 'o segreto 'o tengh'io cummarè'! -

- E perciò, parlate chiaro...
ch'aggi' 'a fà, ch'aggi' 'a piglià[4],
che 'nce vò' pe' mme calmà?
Nèh, cumpà'... che 'nce vò'?...

Nèh, cumpà'... che 'nce vò'?... -

- 'Nce vurrìa, pe' farve durmì...
tiritùppete e lariulì...
chella cura che fece mammà...
tiritàppete e lariulà!... -

---

1. Dovete farla.
2. Brucia troppo il ragù [s'infiamma la carne].
3. Miele.
4. Che devo fare, che devo prendere.

Una delle più argute creazioni del meraviglioso duo Pisano-Cioffi. Agata è la disperazione del protagonista, che gioca in modo sottile con le parole del ritornello (tu mi...capisci diventa...). Il finale è la resa di lui, che costretto a rinunciare alla loro vecchia partita a due, ripiega su un mesto solitario.

AGATA

(Pisano – Cioffi)

Io mme metto 'o steccadente in bocca
pe' nun fumà...
Nun ce veco e nun mm'accatto[1] 'e llente[2]
pe' sparagnà[3]...
Vivo solo col mensile
d'impiegato comunale,
spacco 'a lira, spacco 'o soldo,
spacco pure 'o «duje centè'...»
e tu invece te la intendi
col padrone di un caffè?!

Agata!
Tu mi capisci!
Agata!
Tu mi tradisci!
Agata!
Guarda! Stupisci...
Ch'è ridotto quest'uomo per te!

Mm'accattaje 'nu cappelluccio tuosto[4]
tre anne fa...
E, 'a tre anne, 'o tengo sempe 'ncapa[5]...
Nun c'è che fà...
'Stu vestito grigio scuro,
s'è cambiato di colore...
Mo s'è fatto verde chiaro:
Era n'abito 'e papà...
E mm'ha ditto 'o cusetore[6]:
«Nun 'o pòzzo arrevutà[7]:
ll'aggio[8] troppo arrevutato...
Ve cunziglio d' 'o jettà[9]....»

Agata!
Tu mi capisci!
Agata!
Tu mi tradisci!
Agata!
Guarda! Stupisci...
Ch'è ridotto quest'uomo per te!

Ho ridotto il pasto giornaliero,
sempre per te...
'A matina, 'nu bicchiere
d'acqua...
senza cafè!
Veng' 'a â casa e nun te trovo,
'o purtiere tene 'a chiave:
- Dov'è andata? -
- A' sala 'e ballo! -
Mi commuovo... e penzo che
te facive 'a partetella[10],
tutt' 'e ssere, 'nziem 'a me...
Mo mme faccio... 'o sulitario,
guardo in cielo e penzo a te!

Agata!
Tu mi capisci!
Agata!
Tu mi tradisci!
Agata!
Guarda! Stupisci...
Cos'è ridotto quest'uomo per te!

1. Acquisto.
2. Gli occhiali.
3. Risparmiare.
4. Duro.
5. Sulla testa.
6. Il sarto.
7. Non posso rivoltarlo.
8. L'ho.
9. Di buttarlo.
10. Partitina [con le carte].

Tipica macchietta, di quelle che descrivono con qualche doppio senso in versi e con stile colorito personaggi e situazioni. Qui si parla di una giornata al mare, tra maschietti attratti dalle nudità della spiaggia e ragazze a caccia di un partito.

AL MARE

(Armando Gill)

I

Quando incalza la stagione, e
comincia il solleone,
com'è bello andare al mare per
potersi rinfrescare
solo al mare puoi godere il piacere
di vedere
bianche braccia curve audaci, seni
liberi e procaci!
E fra mille donne belle, spose,
vedove, zitelle
more, bianche, nere e bionde, che
si tuffano nell'onda.
Fra mammà condiscendenti, e
fratelli compiacenti
vien da se che per natura trovi
sempre un'avventura.

II

Le ragazze da marito quando
cercano il partito,
spesso trovano nel bagno della vita
il lor compagno,
la sciantosa, è naturale,
va a pescare il provinciale.
E quell'altra va a cercare il
merlotto da pelare!
Così il mare seduttore è una
trappola d'amore
L'acqua fresca ed azzurrina fa la
parte di vetrina.
E la donna è una sirena che nel
mare t'incatena,
perché lì ti può mostrare quel che
fuor deve celare.

III

La Ninì che per amore te ne fa
d'ogni colore
con le chiome tutte bionde oggi è
apparsa in mezzo all'onde.
Figuratevi che chiasso! Che
tormenti, che fracasso!
E i cascanti e i cicisbei eran tutti
intorno a lei!
Ma al salir della scaletta è successa
una scenetta:
la tintura ossigenata dentro al
mare s'è cambiata
e il costume tutto bianco,
inzuppato al seno e al fianco,
era sporco in qualche sito tutto
rosso colorito!

IV

Il Cocò, che sta in difetto, fa il
cascante, fa l'occhietto
Alle balie, alle sartine, alle allegre
signorine...
Nel vederle tutte in mare, lui non
fa che sospirare,
ed avvolto nel lenzuolo, si
consuma afflitto e solo.
Poi si chiude in camerino e
s'affaccia al finestrino
ed ammira da quel posto, tutto
fumo e niente arrosto.
Ma al soffiare del maestrale,
un'ondata fa le scale,
così lui tutto bagnato non sa
neanche com'è stato!

Coda:
Giovanotti, andiamo al mare
Per bagnarci e per amare
Perché il mare seduttore
È una trappola d'amore!...

Dietro il rifiuto delle novità dell'era moderna, si nasconde il contenuto autentico della canzone. Il tempo che passa allontana il padre dai piaceri che la madre in passato riusciva a procurargli, ma lei sa come consolarsi.

'A LUCERNA 'E MAMMÀ

(N. Taranto)

Da che son'uscite tante invenzioni:
«Gas, elettricità, metano e ato[1]»,
mia madre mezza pazza è diventata,
s'attacca 'e nierve e nun ce po' passà[2]!

Direte voi: «Allora si è fissata».
Perché di queste cose è assai nemica?
Siccome tiene una lucerna antica,
dice che quella, accesa, po' bastà!

Papà va sulle furie quanno 'a vede,
giacché cchiù de 'na vota ce l'ha scardata[3];
continua a dirle: «Si nun s'è scassata[4],
'nu juorno 'e chisto te l'aggia scassa'[5]!»

Mammà per la paura tutt' 'e notte,
se cocca[6] sempe cu 'a lucerna sotto.
Mammà se la pulisce ogni mattina,
e non contenta, 'na jurnata sana[7],
'a trovo sempe cu 'a lucerna 'mmano
purtannela vedenne a ccà e a llà[8]!

Difatti, 'a lucernella nun c'è male,
è vecchia, sì, ma pulizzata[9] è nova.
Si chella p' 'o passato ha dato prova,
pecché 'o presente nun adda[10] funziona'?

Papà poi in certi punti pure ha torto,
si vede propriamente ch'è maligno,
cchiù de 'na vota ll'ha dato 'o lucigno[11],
posatamente pe' ce 'a fa' appiccià.

E mo ch'è uscita 'a luce ca lle sona[12],

'a lucerna 'e mammà nun è cchiù
bbona.

Adesso viene in casa un nostro
amico:
siccome è un antiquario a tutta
prova,
mammà cu chillo amico se ce
trova,
e quanno vene, afforza adda[13]
parlà.

L'altro ieri 'o giorno, dentro 'a
stanza 'e letto,
stava mammà, l'amico e la lucerna
l'antica, stessa storia, vecchia
eterna...

Trass'io d' 'a porta, e veco chestu
ccà:
Mammà cu 'a lucernella nmiez' 'e
mmane[14],
l'amico cu 'o lucigno 'nce 'o
metteva
'o pucurillo d'uoglio che
scurreva[15],
e 'nu cerino pronto p'appiccia'[16]!

Mammà mi disse: vieni, guarda,
ingrassa.
Questa è la vera luce, ato che gas.

---

1. E altro.
2. Si irrita e non può far finta di niente.
3. Danneggiata.
4. Rotta.
5. Un giorno di questi devo romperla.
6. Si mette a letto.
7. Intera.
8. Portandola in giro per farla vedere.
9. Ripulita.
10. Deve.
11. Stoppino.
12. E adesso che non c'è più la luce che gradisce.
13. Deve per forza.
14. Tra le mani.
15. Quel po' d'olio che scorreva.
16. E un cerino pronto ad accendere.

C'è di mezzo una donna, contesa tra il marito che si chiama Bottiglia e un ragioniere di nome Sughero. Il marito si lamenta della ingiusta situazione che si è creata: lui accetterebbe pure l'idea di dividere la sua donna, ma il ragioniere se ne infischia e la tiene tutta per sé. Come dire che, se c'è un bue da spartire, a Sughero va la carne e Bottiglia si tiene le corna.

ARCANGELO BOTTIGLIA

(Pisano – Cioffi)

Yeah!
Go man!
Yeah!
Yeh, yeh yeh... hazz!

Raggionie', raggionie'... voi dovete raggiona'
Per la pace della mia famiglia...
Levammo 'o sughero 'a coppa 'a bottiglia yeh...
È permesso? Posso entrare?
Ho l'onore di parlare al ragioniere Sughero, via Roma 33?
Sono Arcangelo Bottiglia il marito di mia moglie
Che ha lasciato la famiglia e coabita costì
Da tre mesi ce l'avete... un po' troppo ragioniere
Me le date se credete 'na mezz'ora pure a me?
Ve lo giuro sull'onore che v'a faccio riturna'
Sì lo so, mia moglie è bona e simpatica e ciaciona
Ha delle forme erculee di primma qualità
Ha una bocca seducente ed un seno esuberante
Che mi sembra un respingente... vuie 'o sapite meglio 'e me
E perciò caro signo'... andate avanti mo a fa' 'o plus
[Plus, plus, go man!]

Raggionie', raggionie'... voi dovete raggiona'
Se mia moglie è la metà, 'na metà mavite da'
Se dividiamo un porco, scusate raggionie'
Un mezzo porco a voi, un mezzo porco a me
Vuie ve squagliate tutta ansogna[1] vuie
E nun me date manco 'a coda a me
Mbeh! Che vulimme fà?
Mbeh! Che vulimme fà?
Salutame 'a soreta
Raggionie', raggionie'... voi dovete raggiona'
Se mia moglie è la metà,
'Na metà m'avite da'
Se dividiamo un bue, scusate raggionie'
Un mezzo bue a vuie, un mezzo bue a me
Vuie ve mangiate tutta 'a carne vuie
E me lassate sulo 'e corna a me
Mbeh! Che vulimme fà?
Mbeh! Che vulimme fà?
Raggionie', raggionie'
Voi dovete raggiona'.

---

1. Lo strutto.

È il primo brano della canzone italiana che mai sia stato inciso su disco. Bernardo Cantalamessa lo scrisse nel 1891. Pure sommerso dai guai, il protagonista accoglie la vita ridendo e invita tutti a imitarlo. È un gioiellino compositivo per il quale è necessario anche un abile interprete. In teatro, fu Nicola Maldacea a rappresentarlo e renderlo celebre.

’A RISA
(Bernardo Cantalamessa)

I

Io tengo, ’a che sò’ nato,
’nu vizio gruosso assaje...
nun ll’aggio perzo maje...
va’ trova lu ppecché![1]
Mm’è sempe piaciuto
di stare in allegria
io, la malinconia,
nun saccio che rrobb’è!

De tutto rido... e che ’nce pòzzo fà!?
Ah - ah - ah - ah...
Nun mme ne ’mporta si stòngo a sbaglià...
Ah - ah - ah - ah...

II

Io rido si uno chiagne,
si stòngo disperato,

si nun aggio magnato,
rido senza penza'...
Mme pare che redenno,
ogne turmiento passa...
'nce se recréa e spassa...
cchiù allero se pò sta...

Sarrà difetto gruosso chistu ccà...
Ah - ah - ah - ah...
Ma 'o tengo e nun mm'o pòzzo cchiù levà...
Ah - ah - ah - ah...

III

Lu nonno mio diceva
ca tutte li ffaccenne[2]
faceva isso redenno...
E accussì i' voglio fà...
Chist'è 'o difetto mio,
vuje già mo lu ssapite...
'nzieme cu me redite
ca bene ve farrà!
Redite e ghiammo ja'[3]:
Ah - ah - ah - ah
Ca bene ve farrà:
Ah - ah - ah - ah
Ah - ah - ah - ah

---

1. Va' a capire il perché.
2. Faccende.
3. Andiamo, dai.

Dopo la fine di un rapporto d'amore, lui si consola subito con un'altra donna più attraente e meno bisbetica della ex e gode nel vedere quest'ultima soffrire per gelosia e invidia.

ARRABBIATI CANAGLIA

(Pisano – Cioffi)

Per tre anni ho sopportato
Tutto quel ch'hai fatto a me,
e vivevo innamorato,
genuflesso, innanzi a te.
Ero scemo e non sapevo
Che nel mondo c'esisteva
'na ragazza più graziosa,
più vezzosa, più formosa
e cchiù parpacchiosa[1] e te.

T'è perduto ll'occasione
E mangiate 'o limone...
Teh... teh... teh...

Addò 'o truove un bel maschione?
E mangiate 'o limone
Teh... teh... teh...

'Sta ragazza che ho trovato
è 'na cosa 'a stravedé'...
E po' po' – te te – tèè – mammà ma'
Cierti ccò' – cierti cose belle che
non tiene tu
Nfru.

Arrabbiati canaglia
Ca dimane vaie 'o serraglio[2]
Io faccio il matrimonio
E tu vai al manicomio.

Mi mettevi sempre all'uscio,
mi scacciavi... ma perché?
Mi chiamavi coso muscio,
battilocchio[3], scimpanzé.
Questa invece si fa amare,
mi fa uscire, mi fa entrare,
mi pazzea[4], mi sciascèa[5],
mi recrea[6], sbronzolèa[7],
e m'ha fatto scurdà[8] 'e te.

T'è perduto ll'occasione
E mangiate 'o limone...
Teh... teh... teh...

Addò 'o truove un bel maschione?
E mangiate 'o limone
Teh... teh... teh...
Arrabbiati canaglia
Ca dimane vaie 'o serraglio
Io faccio il matrimonio
E tu vai al manicomio.

---

1. Malleabile.
2. Era chiamato così dai napoletani il Real Albergo dei Poveri, palazzone fatto costruire dai Borbone nel Settecento, un enorme reclusorio destinato a ospitare i diseredati.
3. Babbeo.
4. Mi coccola.
5. Mi vezzeggia.
6. Mi sollazza.
7. Mi scuote.
8. Dimenticare.

Un vero gioiello che la voce di Murolo ha reso immortale. Un lui trova una donna irresistibile e attraente anche se questa continua a negarsi. Il paragone ardito è il cucchiaino che gira nella tazza e quel caffè che lui vuol tanto assaporare.

’A TAZZA ’E CAFÈ

(Capaldo – Fassone)

Vurrìa sapé pecché si mme vedite,
facite sempe ’a faccia amariggiata...
Ma vuje, quanto cchiù brutta ve facite,
cchiù bella, a ll’uocchie mieje, v’appresentate...
I’ mo nun saccio si ve n’accurgite!

Ma cu sti mode, oje Brìggeta[1],
tazza ’e café parite[2]:
sotto tenite ’o zzuccaro,
e ’ncoppa[3], amara site...
Ma i’ tanto ch’aggia ’avutà[4],
e tanto ch’aggi’ ’a girà...
ca ’o ddoce ’e sott’ ’a tazza,
fin’a ’mmocca mm’ha da[5] arrivà!...

Cchiù tiempo passa e cchiù v’arrefreddate,
’mméce[6] ’e ve riscaldà... «Caffè squisito!...»
’o bbello è ca, si pure ve gelate,
site ’a delizia d’ ’o ccafé granito...
Facenno cuncurrenza â limunata...

Ma cu sti mode, oje Brìggeta,
tazza ’e café parite:

sotto tenite 'o zzuccaro,
e 'ncoppa, amara site...
Ma i' tanto ch'aggia avutà,
e tanto ch'aggi' 'a girà...
ca 'o ddoce 'e sott' 'a tazza,
fin'a 'mmocca mm'ha da arrivà!...

Vuje site 'a mamma d' 'e rrepassatore[7]?...
E i', bellezza mia, figlio 'e cartaro[8]!...
Si vuje ve divertite a cagna' core[9],
i' faccio 'e ccarte pe' senza denare[10]...
Bella pareglia[11] fòssemo a fà 'ammore!

Ma cu sti mode, oje Brìggeta,
tazza 'e café parite:
sotto tenite 'o zzuccaro,
e 'ncoppa, amara site...
Ma i' tanto ch'aggia avutà,
e tanto ch'aggia girà...
ca 'o ddoce 'e sott' 'a tazza,
fin'a 'mmocca mm' adda arrivà!...

---

1. Brigida.
2. Sembrate.
3. Sopra.
4. Devo girare così tanto [col cucchiaino nella tazza].
5. Mi deve.
6. Invece.
7. Burloni.
8. Cartomante.
9. Cambiare idea nelle faccende d'amore.
10. Io leggo le carte agli squattrinati.
11. Coppia.

Lui voleva un matrimonio riservato e intimo, la famiglia di lei preferisce che nel quartiere – e non solo – si diffonda la notizia e infatti accadrà così. E il promesso sposo che sperava nella riservatezza è sicuro che anche l'America e l'Australia sanno della sua storia d'amore.

'A TRUMBETTA À VICARIA

(Baratta – Lama)

Dicette a pàteto[1]:
«Mme sposo Amelia,
ma manco ll'aria
ll'ha da appurà[2]...»

«Onoratissimo!
- risponne pàteto -
ma almeno a mògliema
ll'aggia cuntà[3]!»

E dint'a n'attimo[4],
st'ammore serio
s'è fatto comico.
Pe strate 'e Napule
mme sento 'e dicere:

«Che bella coppia!
Viate a loro![5]...
Hanno fatto, bella mia,
'a trummetta â Vicarìa[6]!»

Io sò' 'nu giovane
stimato e serio...
e tu si' 'a femmena
ca fa pe' me!
Ma sono in collera
sulo cu màmmeta
ca troppo esaggera
parlanno 'e te...

E dint'a n'attimo
st'ammore serio
s'è fatto comico.
Pe strate 'e Napule
mme sento 'e dicere:

Va' a dì a 'o parroco
ch' 'a fata 'e Napule
sposa a 'nu principe
ch'è figlio 'e rre!

E chistu parroco,
'a copp'[7] 'o pulpito
ne fa 'na predeca
po ffà sapé'!...

E vuò' scummettere
ca mo, in Germania,
pe' tutt' America
e ll'Australia,
se sente 'e dicere:

«Che bella coppia!
Viate a lloro!...
Hanno fatto, bella mia,
'A trummetta a' Vecaria.»

---

1. Tuo padre.
2. Deve saperlo.
3. Devo raccontarlo.
4. In un istante.
5. Beati loro!
6. La trombetta alla Vicaria, che è un quartiere del centro di Napoli. Come dire: stanno facendo in modo che tutti sappiano di loro.
7. Sopra.

Un piccolo vademecum per chi si trova alle prese con le donne. La canzone gioca con le sottili astuzie e contraddizioni del mondo femminile e con la irresistibile tentazione di ogni uomo di cadere nella trappola della sua sirena.

ATTENTI ALLE DONNE

(Armando Gill)

Quanno 'na femmena mme vene a dicere:
«T'aggia lassà[1], nun pò durà, st'ammore... è inutile!»
Io sò' filosofo, mme metto a ridere:
'o ssaccio già ca nun 'o ffa manco si 'accidono[2]...
ché la donna, con baci e promesse,
fa ogni cosa nel proprio interesse.

'E ffemmene, si chiagnono
ce vonno arravuglia'[3],
e quanno ce disprezzano,
ce vonno cchiù attaccà[4]...
Quanto so' scieme ll'uommene ca nun sanno capì:
si dice «no» 'na femmena, allora ha ditto «sì»!

Segui una donna piuttosto eccentrica?!
La senti dir: «La vuol finir di far lo stupido?»
«Qui c'è un equivoco! Sò' n'ommo serio:
le voglio offrir un posticin nella mia macchina...»
Sente 'a «machina» e più non ragiona...
la ragazza con te si abbandona!

Po' se ne vène ô cinema, po' vène a strafucà[5]...
e doppo, tutta languida, se lascia accompagnà.
Giunta alla casa, alle undici, confida alla mammà:
«Mammà, ho trovato un "chiòchiero[6]" cchiù chiòchiero 'e papà...»

Se l'uomo è timido, piuttosto ingenuo,
la donna sa comm'ha da fà p' 'o puté cogliere[7]...
Tucca' è difficile, bacià è impossibile...
«Vieni a parlà con la mammà e si può concludere...
Ci ho la casa, il corredo e lo zio,
ca, si more, ogni cosa è d' 'o mmio...»[8]

E il povero Saverio, quand'è salito su,
corredo, casa, làscito... nun trova niente cchiù!
E restano a suo carico la moglie e la mammà...
e tre fratelli piccoli ch'isso ha da dà a magnà[9]...

Finale:
E cheste sòngo 'e ffemmene, c'è poco 'a pazzià[10]!
T'avotano[11], te girano... te sanno 'mpapucchià[12]!
Io do un consiglio ai giovani quanno s'hann'ammogliià:
«Ccà ce sta tutt' 'a perdere e niente 'a guadagnà!...»

---

1. Devo lasciarti.
2. So già che non lo fa nemmeno se l'ammazzano.
3. Incantare.
4. Legare [a sé].
5. A gozzovigliare.
6. Un allocco.
7. Come deve fare per attrarlo.
8. Se muore, lascia tutto a me.
9. Che lui deve sostenere.
10. C'è poco da scherzare.
11. Ti voltano.
12. Ti sanno confondere e convincere.

La caccavella è in questo caso lo strumento musicale chiamato anche putipù. Qui c'è un lui pieno di ardori e la sua bella che invece gli si nega. Lui ripiega allora sulla sua caccavella, con cui si trastulla. In realtà dietro la parola caccavella si nasconde il doppio senso.

LA CACCAVELLA[1]
(C. Concina)

Ho comprato la caccavella,
ho comprato la caccavella...
la caccavella...
Per l'amore della mia bella,
per l'amore della mia bella...
della mia bella!
Se la luna mi guarda e balla
con quel viso di pastafrolla...
di pastafrolla...
Me ne infischio pure di quella...
Canto questa serenatella
alla mia bella...

Dimme, dimme, chi t'ha fatto,
chi ha commesso 'stu delitto...
Io sò' cotto, sò' stracotto:
faccio ll'uocchie 'e pesce fritto!...
Pure 'a notte, dint' 'o lietto,
mm'arrevoto[2], zompo e scatto...
Io pe' te mme comprometto!
Parola d'onor...
Parola d'onor!...

Sòngo stato da lu curato,
songo stato da lu curato...
Gli ho confessato
che per colpa della mia bella
io mme sfogo cu 'a caccavella!
Cu 'a caccavella...
Mm'ha risposto lu buon curato
«Tu, fratello, sei rovinato...
tu sei inguajato:
nell'amore ci vuol pazienza,
devi fare la penitenza:
tre giorni... senza...!»

Finalino:
Si tu vuò' te dòngo tutto:
pure 'o core ca sta 'mpietto
io t' 'o metto dint' 'o piatto,
Domenicantò'...
Domenicantò'...

---

1. Pentola o anche, come in questo caso, strumento musicale.
2. Mi giro.

Questo celebre pezzo in forma di dialogo è l'adattamento da una canzone popolare del Settecento. Lui invita lei a spogliarsi, a liberarsi di un indumento dopo d'altro. Lei sembra resistere. Sembra... ma lo spogliarello va avanti.

LA CAMMESELLA
(Autore ignoto)

I

Lui: E lèvate 'a cammesella,
Lei: 'A cammesella, gnernò[1],
gnernò!
Lui: E lèvate 'a cammesella!
Lei: 'A cammesella, gnernò,
gnernò!
Lui: Si nun t' 'a vuò levà,
mme sòso[2] e mme ne vaco da ccà![3]
Si nun t' 'a vuò levà,
mme sòso e mme ne vaco da
ccà!...
Lei: E tèh, mme ll'aggio levata,
Ciccillo, cuntento, fa' chello ca
vuò...
E tèh, mme ll'aggio levata,
Ciccillo, cuntento, fa' chello che
vuò...
Sia benedetta màmmema,
quanno mme maritò.
Lui: Sia benedetta màmmema,
quanno te maritò.

II

Lui: E lèvate 'a vesticciolla[4],
Lei: 'A vesticciolla, gnernò,
gnernò!
Lui: E lèvate 'a vesticciolla!
Lei: 'A vesticciolla, gnernò,
gnernò!
Lui: Si nun t' 'a vuò levà,
mme sòso e mme ne vaco da ccà!
Si nun t' 'a vuò levà,
mme sòso e mme ne vaco da
ccà!...
Lei: E tèh, mme ll'aggio levata,
Ciccillo, cuntento, fa' chello ca
vuò...
E tèh, mme ll'aggio levata,
Ciccillo, cuntento, fa' chello che
vuò...
Sia benedetta màmmema,
quanno mme maritò.
Lui: Sia benedetta màmmeta,
quanno te maritò.

III

Lui: E lèvate 'o suttanino,
Lei: 'O suttanino, gnernò, gnernò!
Lui: E lèvate 'o suttanino,
Lei: 'O suttanino, gnernò, gnernò!
Lui: Si nun t' 'a vuò levà,
mme sòso e mme ne vaco da ccà!
Si nun t' 'a vuò levà,
mme sòso e mme ne vaco da ccà!...
Lei: E tèh, mme ll'aggio levata,
Ciccillo, cuntento, fa' chello ca
vuò...
E tèh, mme ll'aggio levata,
Ciccillo, cuntento, fa' chello che
vuò...
Sia benedetta màmmema,
quanno mme maritò.
Lui: Sia benedetta màmmema,
quanno te maritò.

IV

Lui: E lèvate stu curzetto,
Lei: Stu curzetto, gnernò, gnernò!
Lui: E lèvate stu curzetto!
Lei: Stu curzetto, gnernò, gnernò!
Lui: Si nun t' 'a vuò levà,
mme sòso e mme ne vaco da ccà!
Si nun t' 'a vuò levà,
mme sòso e mme ne vaco da ccà!...
Lei: E tèh, mme ll'aggio levata,
Ciccillo, cuntento, fa' chello ca
vuò...
E tèh, mme ll'aggio levata,
Ciccillo, cuntento, fa' chello che
vuò...
Sia benedetta màmmema,
quanno mme maritò.
Lui: Sia benedetta màmmema,
quanno te maritò.

V

Lui: E damme, Ceccè', 'nu vasillo,
Lei: 'Nu vasillo, gnernò, gnernò!
Lui: E damme, Ceccè', 'nu
vasillo!
Lei: 'Nu vasillo, gnernò, gnernò!
Lui: Si nun me lo vuò dà,
mme sòso e mme ne vaco da ccà!
Si nun me lo vuò dà,
mme sòso e mme ne vaco da ccà!...
Lei: E tèh, 'o vasillo te ll'aggio
dato,
Ciccillo, cuntento, fa' chello ca
vuò...
E tèh, o' vasillo te ll'aggio dato,
Ciccillo, cuntento, fa' chello che
vuò...
Sia benedetta màmmema,
quanno mme maritò.
Lui: Sia benedetta màmmeta,
quanno te maritò.

---

1. Signornò.
2. Mi alzo.
3. E me ne vado da qui.
4. Il vestitino.

Parole meste di un amante deluso, ma soprattutto ingannevoli: cominciano tutte con un'apparenza osé, ma poi si trasformano strada facendo, e diventano il racconto di una tristezza maliziosa.

CANTO MALINCONICO
(V. Marsiglia)

È un canto malinconico...è un ca...nto malinconico...
va incuriosire gli animi e va incu...riosire gli animi...
la fresca aria che stimola la fre...sca aria che stimola...
che pare odor di zagare e che pa...re odor di zagare...
che canto malinconico e che ca...nto...malinconico...
coglie ogni cuore tenero e coglio…gni cuore tenero...ricchi o poveri ascoltano...ricchio... poveri ascoltano....
sto canto così languido sto ca...nto così languido.

Afrodisiaco nettare a fro...disiaco nettare...
m'ignori o tu grandissima migno...ri o tu grandissima...
col canto malinconico e col ca...nto malinconico t'incuterò quel fremito...
e t'incu...terò quel fremito...astro lucente e mistico a stro...lucente e mistico...
mortali strali lanciali morta'…li strali lanciali...
sta troppo in pena l'alma mia sta tro...ppo in pena l'alma mia...sti canti la rincuorano e sti ca...nti la rincu...orano....

Incurante di me misero incu...rante di me misero...
ma incuria amor fa male assai...ma incu…ria amor fa male assai....
oculato...son stanco e bruciooculato son stanco e bruciato...
canterò malinconico e sto ca...nto la consolerà...
uo uo uo uo uo uo uo uo uo ouou o

Uno dei tanti memorabili personaggi disegnati dal duo Carosone & Nisa, che qui prendono di mira l'improvvisa conversione ai costumi orientali di un uomo, ossessionato in realtà dalla voglia di scavare e trovare il petrolio e la ricchezza.

CARAVAN PETROL
(Nisa – Carosone)

Coro:
Caravan petrol!...
Caravan petrol!...
Caravan petrol!...
Caravan petrol!...
Caravan...

I

Mm'aggio affittato 'nu camello,
mm'aggio accattato[1] 'nu turbante,
'nu turbante â Rinascente,
cu 'o pennacchio russo e blu...
Cu 'o fiasco 'mmano e 'o tammurriello,
cerco 'o ppetrolio americano,
mentre abballano 'e beduine
mentre cantano 'e ttribbù...

Comme si' bello
a cavallo a 'stu camello,
cu 'o binocolo a tracolla,
cu 'o turbante e 'o narghilè[2]...
Ué, si' curiuso[3]
mentre scave 'stu pertuso[4]...
scordatello[5], nun è cosa:
Ccà, 'o ppetrolio, nun ce sta...
Allàh! Allàh! Allàh!
Ma chi t' 'ha ffatto fà?
Comme si' bello
a cavallo a 'stu camello,
cu 'o binocolo a tracolla,
cu 'o turbante e 'o narghilè!...

II

Cu 'o fiasco 'mmano e cu 'o camello,
cu 'e gguardie 'nnanze[6] e 'a folla arreto[7],
'rrevutà[8] faccio Tuleto[9]:
nun se pò cchiù cammenà...
Jammo[10], è arrivato 'o Pazzariello![11]

S'è travestuto 'a Menelicche[12]...
'Mmesca[13] 'o ppepe cu 'o
ttabbacco...
Chi sarrà st'Alì Babbà!?...

Comme si' bello
a cavallo a 'stu camello,
cu 'o binocolo a tracolla,
cu 'o turbante e 'o narghilè...
Ué, si' curiuso
mentre scave 'stu pertuso...
scordatello, nun è cosa:
Ccà, 'o ppetrolio, nun ce sta...
Allàh! Allàh! Allàh!
Ma chi t' 'ha ffatto fà?
Comme si' bello
a cavallo a 'stu camello,
cu 'o binocolo a tracolla,
cu 'o turbante e 'o narghilè!...

Finale:
Allàh! Allàh! Allàh!
Ma chi mm' 'ha ffatto fà?
Comme si' bello
a cavallo a 'stu camello,
cu 'o binocolo a tracolla,
cu 'o turbante e 'o narghilè!...

---

1. Ho comprato.
2. Bottiglia in uso nei Paesi arabi attraverso la quale si fuma.
3. Sei strano.
4. Buca.
5. Dimenticalo.
6. Avanti.
7. Dietro.
8. Creare scompiglio.
9. Toledo, via del centro di Napoli.
10. Andiamo.
11. Personaggio del folklore napoletano.
12. Menelik, negus etiope al tempo della colonizzazione italiana.
13. Mescola.

Divertente autocelebrazione di un salumiere che si eleva fino al rango di cavaliere del lavoro. Anche qui, tra un salume e l'altro, è facile rintracciare abbondanza di doppi sensi.

IL CAVALIERE DEL LAVORO
(Ariento – Valente)

I

M'hanno fatto cavaliere
Del lavoro, ben s'intende,
perché faccio il salumiere
Con amor che ognun sorprende.

Se gradite un salcicciotto
Preparato da me stesso,
nel mangiarlo appena è cotto,
voi direte: «Ah! Questo è desso!»

La mia 'nnoglia[1], se assaggiate
O 'na buatta[2] di puré,
pure 'e ddete v'alliccate[3]
e tornate tosto a me...

Cavaliè, 'nu chilo 'e pasta !
Cavaliè, tre quarte 'e nzogna[4]!
Pensa e pesa vende e sogna
Del lavoro il cavalier!

II

Non conosco cosa è l'ozio,
Io non so divertimenti
Apro a tutti il mio negozio,
Sempre ho l'occhio ai miei pendenti!

Provoloni di Gravina,
Capocolli di Giugliano
Cotechini, pettorina,
(Provenienti da Milano).

Mortadella con priggiotti[5]
E manteche[6] commilfò[7]
Quanti pesci in barilotti
Fan corona al mio burò[8]!

Cavaliè, 'nu chilo 'e pasta !
Cavaliè, tre quarte 'e 'nzogna!
Pensa e pesa vende e sogna
Del lavoro il cavalier!

III

Presidente della lega
di lavoro e resistenza,
quando chiudo la bottega
tengo qualche conferenza.

Fra i miei temi ho dato saggio,
di attenermi ai più sociali,
come il trust, il boicottaggio
la psicosi… dei maiali.

Poi, novello Cincinnato,
torno allegro al mio lavor
con la croce che m'han dato
che mi penzola sul cor.

Cavaliè, 'nu chilo 'e pasta !
Cavaliè, tre quarte 'e nzogna!
Pensa e pesa vende e sogna
Del lavoro il cavalier!

---

1. Salsiccia ripiena, non di carni di prima qualità ma di tritume di seconda scelta.
2. Barattolo.
3. Le dita vi leccherete.
4. Sugna, strutto.
5. Prosciutti.
6. Creme.
7. Come la situazione richiede [meno frequente di *commilfò*, dal francese *comm'il faut*].
8. Cassettone [altro francesismo, da *bureau*].

Il protagonista è un marito vessato da una moglie bisbetica e incontentabile. E lui, con risultati assai scarsi, si sforza di compiacerla. D'altro canto, fin dal titolo del pezzo, emerge la sua esasperazione.

Che calze vuo'?

(Bonenzio – Valente)

I

'Na mugliera aggio attuppata[1]
ch'è 'na vera chiappa 'e 'mpesa[2]!
Sfaticata!... Scostumata,
ca vo' sempre cuntradì'.

Aggio perzo 'a pace mia!
Tutto, neh! Pe 'na sfacciata,
'na birbanta sfaccennata
ca me fa sempre arraggià[3]!

Dint'[4] 'a casa 'un bo fa'[5] niente.
Io arricetto[6], io 'a cucino,
io ammenesto[7] ogne matina!
L'ommo e 'a femmena aggia fà!

Quanta vote dint' 'o lietto
Io le dico: «Cuncettè',
'o vvuo' fa' 'nu poco 'e latte?»
Chella: «Va' famm' 'ccafè!»

M'avota 'a capa 'e 'na brutta
manera[8]!
Quanto prima sentarrate[9]:
«'O marito ch'ha accis' 'a
mugliera[10]!,
Roma, 'O Pungolo e 'O
Curriero[11]!»

II

Si l'accatto[12] 'nu vestito,
nun appena l'ave mmana[13],
siente 'e dì: «Chest'è cuttone[14]!
Me lo vuoi passar per lana?»

«Ma t' 'o ssiente sott' 'e ddéte[15]!
Si cecata? 'O ttiene 'nnanze![16]
Tuocca, attiente[17]... È lana, è seta?»
«Nonzignore, le 'a cagna'[18]!»

Ne vo' uno appriesso a ll'ato[19]:
Va accattanne sempre panne[20],
mentre a me poi vuoi far farmi
'na sciammeria[21] ogne cient'anne.
Si lle porte doje cazette[22],

songhe nere? E 'e vo' marrò.
So' marrò? E 'e vo' celeste,
e non so che calze vo'!
M'avota 'a capa 'e 'na brutta
manera!
Quanto prima sentarrate:
«'O marito ch'ha accis' 'a
mugliera!
Roma, 'O Pungolo e 'O
Curriero!»

---

1. Incontrato.
2. Un tipo poco raccomandabile.
3. Arrabbiare.
4. Dentro.
5. Non vuole far niente.
6. Riordino.
7. Amministro [la casa].
8. Mi gira la testa in modo fastidioso.
9. Sentirete.
10. Ammazzato la moglie.
11. Quotidiani cittadini del tempo.
12. Le compro.
13. Appena ce l'ha tra le mani.
14. Cotone.
15. Ma lo senti sotto le dita.
16. Sei cieca? Ce l'hai davanti.
17. Toccala, sta' attenta.
18. Devi cambiarla.
19. Ne chiede una dietro l'altra.
20. Acquista continuamente abiti.
21. Letteralmente: *marsina*, abito maschile con le code. Qui col senso di *atto sessuale*.
22. Se le porto un paio di calze.

Un comune difetto di pronuncia è un buon pretesto per litigare, soprattutto nell'intimità. Qui è causa di un fatale equivoco che s'insinua in una coppia.

CHIARA
(V. Marsiglia)

La mia erre difettosa, fino a quando tu non c'eri,
non mi ha dato mai pensieri, ora invece è fastidiosa:
o si trova un bravo medico che m'acconcia 'a vocca[1] a me
o si va all'Ufficio Anagrafe per cambiare il nome a te.

Chiara, nei momenti 'e tenerezza
Pare proprio 'na schifezza
Quando, con un fil di voce
dico: Chiara
e con te che sei precisa,
che ogni cosa vuoi chiarire,
ogni volta che chiariamo
puntualmente litighiamo.

Chiara, tu sei troppo permalosa
Tiene proprio 'a capa tosta[2]
Tu t' 'a scuorde[3] l'erre moscia,
dice che t'ho faccio apposta... ah no!

Chiara, questo non te lo permetto
Tu lo sai che ti rispetto
In ogni attimo d'amore
senti Chiara
qui bisogna approfondire,

qui necessita chiarire
ogni volta che chiariamo
puntualmente litighiamo.

Sul Comune stamattina di buon'ora sono andato
e il quesito ho domandato a una dolce signorina
non appena lei mi ha chiesto: «Ma di nome come fa?»
le ho risposto in faccia: «Chiara», c'ha pututo cumbina'!

Chiara, chistu nomme è 'na schifezza
non mi fa più tenerezza
quando, con un fil di voce
dico: Chiara
sul Comune, stamattina
è successa n'ammuina[4]
non appena aggio parlato
m'hanno pure paccariato[5].

---

1. Bocca.
2. La testa dura.
3. Dimentichi.
4. Il caos.
5. Preso a ceffoni.

Le vicende e la balbuzie nervosa di un uomo geloso, innamorato della cassiera di un bar, alla quale la gran parte dei clienti maschi dedica sguardi appassionati.

CHIARINA MIA

(Fioravanti – Fiorentino – Festa)

I

Guarda l'amore quanto è
dispettoso:
mi fa incontrare te, bellezza mia
cassiera in un caffè , io so' geloso
e questo fatto proprio non mi va.
Fra 'o barrista ch'è brutto e
indisponente
'a padrona curiosa, vecchia e
storta
dimme 'sta gente a chi addà tenè'
mente[1]
a te che sei 'na vera rarità.
Ma te pare che può andà?
Ma te pare che può andà?
Chia'... Chia'... Chia'...
Chiarina bellezza mia
mi pro... mi pro... mi pro...
mi pro...metti, per cortesia,
che quest'occu...
che quest'occu...pazione la
lascerai,
se no ti giu...
se no ti giu...ro morto tu mi
vedrai
Chia'... Chia'... Chia'...
chiarina se te ne vai
che fe... che fe... che fe...
che fe...lice tu mi farai
Nun me fa' 'e cco... nun
me fa 'e cco...se storte se no mi
piglia
E poi la fa...
e poi la fa... favella più mi si
incaglia.
chiù chiù chiù chiù, chià chià chià
non posso più parlà
chiù chiù chiù chiù, chià chià chià
non posso più parlà.

II

Per questo fatto mi sto
dispendiando,
pe' farle 'a guardia, pe' stà cchiù
sicuro,
pass' 'e meglie jurnate
cooo…nsumando
e sto facenno 'a cura d' 'o ccafè.
Mo so 'nu piezz' 'e… nierve[2], so'
furioso
Vedendo 'sti clienti farenelle[3],
ca 'nfaccia 'a cassa[4] fann' 'e
spirituse
s'attacca 'a lengua[5] e nun posso
parlà…
Ma ve pare che può andà?
Ma ve pare che può andà?
Chia'… Chia'… Chia'…
Chiarina se te 'na vai
che fe… che fe… che fe…
che fe…lice tu mi farai
Nun me fa 'e cco… nun
me fa 'e cco…se storte se no mi
piglia
E poi la fa…
e poi la fa…favella più mi si
incaglia.
chiù chiù chiù chiù, chià chià chià
non posso più parlà
chiù chiù chiù chiù, chià chià chià
non posso più parlà.

---

1. Chi mai potrà guardare
2. Tutto nervoso.
3. Che fanno i languidi [il termine *farenella* ha origine dal trucco usato dagli attori sul volto].
4. Accanto alla cassa.
5. Mi si appiccica la lingua.

Una maliziosa chitarra accompagna il canto raffreddato del protagonista, che continuamente s'interrompe per starnutire. Lui parla di acuti e di note, ma è evidente che in realtà abbia in testa ben altro.

CHITARRATA ACCATARRATA

(Canzone popolare)

I

Con la voce e con il cuore
Son venuto pe' cantà...

Eccì!... Eccià!... – Salute! –
Grazie!

E ho portato una chitarra ca sul'i'
pozzo sunà[1]...

Eccì!... Eccià! – Felicità! – Merci!

Sono un poco accatarrato[2],
costipato e raffreddato
e si mischia lo starnuto
con la voce e con l'acuto...
Ma la dolce serenata
sempe a tte t'adda arrivà.

Eccì!... Eccià!... – Salute! –
Grazie!
Ho spruzzato la chitarra
di colonia di Cotj.
Quanno m'esce 'a nota acuta,
Carulì', haie che sentì'[3]!
Io prima tocco il *mi*,
poi dopo vado a *re*,
e quanno arrivo a *fa*
dint' 'o canto, dint' 'e nnote,
dint' 'a voce... doce... doce...

Carulì'

Il profumo del mio canto
fino a lloco adda saglì'[4].

Eccì!... Eccià!... – Salute! –
Grazie!

II

Un anello di brillanti
Le vulesse regalà…

Eccì!... Eccià!... – Salute! –
Grazie!

E sagliesse 'ncopp'[5] 'a casa
Carulì', pe' t' 'o purtà[6]…

Eccì!... Eccià! – Felicità! – Merci!

T' 'o mettesse chianu chiano
Dint' 'o dito 'e chesta mano[7]
po' scherzando t' 'o levasse
t' 'o 'nfilasse e t' 'o sfilasse.
Fino a quando tu dicisse:
«Me le 'a mettere, Pasqua'!»

Eccì!... Eccià!... – Salute! – Grazie!

Ho spruzzato la chitarra
di colonia di Cotj.
Quanno m'esce 'a nota acuta,
Carulì', haie che sentì'!
Io prima tocco il *mi*,
poi dopo vado a *re*,
e quanno arrivo a *fa*
dint' 'o canto, dint' 'e nnote,
dint' 'a voce… doce… doce…

Carulì'
Il profumo del mio canto
fino a lloco adda saglì'.

Eccì!... Eccià!... – Salute! –
Grazie!

III

Ho giocato un terno al lotto
Ca pe' forza aggia piglià[8]…

Eccì!... Eccià!... – Salute! –
Grazie!

M'ho giocato: il calamaio,
ventinove e 'o baccalà.

Eccì!... Eccià!... – Prosperità! –
Tenghiù!

Quanno è sabato 'o guaglione[9]
ca me tira 'a 'strazione[10]
o fa friddo o viento o chiove:
caccia primma 'o vintinove,
po' me tira 'o calamaro
e po' esce 'o baccalà.

Eccià!... – Salute! – Auguri! -
Grazie!

Ho spruzzato la chitarra
di colonia di Cotj.

Quanno m'esce 'a nota acuta,
Carulì', haie che sentì'!
Io prima tocco il *mi*,
poi dopo vado a *re*,
e quanno arrivo a *fa*
dint' 'o canto, dint' 'e nnotte,
dint' 'a voce… doce… doce…

Carulì'

Il profumo del mio canto
fino a lloco adda saglì'.

Eccì!... Eccià!... – Salute! –
  Grazie!

---

1. Che io solo posso suonare.
2. Colpito dal raffreddore.
3. Hai molto da sentire.
4. Fino a lì deve salire.
5. Salirei sopra.
6. Per portartelo.
7. Al dito di questa mano.
8. Devo prendere.
9. Il ragazzo.
10. Che estrae i numeri del lotto.

È il lamento giocoso di un uomo continuamente vessato dalla propria donna, che pratica su di lui ogni genere di piccole torture: gli mette della crusca nella giacca, gli scioglie della ceralacca sulla testa, e addirittura gli mette una quaglia nel cappello.

CICCIO FORMAGGIO
(Pisano – Cioffi)

I

Te 'ncuntraje,
te parlaje
e m'innamorai di te...
Mme guardaste,
mme diciste:
«Mi piacete pure a me...»

Ma tutt' 'o bbene ca hê ditto sempe 'e mme vulé,
è 'na buscìa[1] ch'è asciuta 'ncopp' 'o naso a te...

Si mme vulisse bene overamente,
nun mme facisse 'ncujetà[2] da 'a gente,
nun mme tagliasse 'e pizze d' 'a paglietta[3],
nun mme mettisse 'a vrénna[4] 'int' 'a giacchetta...
Si mme vulisse bene, o mia Luisa,
nun mme rumpisse 'o cuollo d' 'a cammisa...
Si' 'na 'nfà'... si' 'na 'nfà'... si' 'na 'nfama[5]...
Te n'abù'... te n'abù'... te n'abuse...
te n'abuse ca Ciccio Formaggio,
nun tene 'o curaggio
nemmeno 'e parlà!

II

Si sapisse,
si vedisse,
dint' 'o core mio che nc'è!
Cumpatisse[6]...
Mme dicisse:
«Puveriello... ma pecché?»

Ma 'ncopp'[7] 'o core tu 'nce tiene 'e pile[8] 'o ssà'
ca 'nu barbiere nun ce abbasta p' 'e ttaglià!...

Si mme vulisse bene overamente,
nun mme facisse 'ncujetà da 'a gente...
Nun mme tirasse 'e pile 'a dint' 'e rrecchie,
nun mme mettisse 'o dito dint'a ll'uocchie,
nun mme mettisse 'a neve dint' 'a sacca[9],
nun mme squagliasse 'ncapa[10] 'a ceralacca!

Si' 'na 'nfà'... si' 'na 'nfà'...si' 'na 'nfama.....
Te n'abù'...te n'abù'...te n'abuse...
te n'abuse ca Ciccio Formaggio,
nun tene 'o curaggio
nemmeno 'e parlà!

III

L'altro giorno,
ma che scorno:
Vengo a casa e trovo a te
spettinata,
abbracciata
'nziem'a n'ommo... Bèh... ched' è?!

Mme rispunniste: «Chisto vene a me 'mparà
comme se vasa quanno tu mm'hê 'a spusà...»

Si mme vulisse bene overamente,
nun mme facisse 'ncujetà da 'a gente...
Nun mme menasse 'e streppe[11] 'e rafanielle[12],
nun mme mettisse 'a quaglia 'int' 'o cappiello,
nun mme facisse stà, pe' n'ora sana[13],
cu 'a pippa 'mmocca e cu 'a cannela 'mmano![14]

Si mme vulisse bene overamente,
nun mme facisse 'ncujetà da 'a gente...
Nun mme pugnisse areto[15] cu 'o spillone,
nun mme mettisse 'a colla 'int' 'o cazone[16]...
Nun mme screvisse, cu 'nu piezzo 'e gesso,
aret' 'o matinè:[17] «Ciccì' si' fesso!»

Si' 'na 'nfà'... si' 'na 'nfà'...si' 'na 'nfama...
Te n'abù'... te n'abù'... te n'abuse...
te n'abuse ca Ciccio Formaggio,
nun tene 'o curaggio
nemmeno 'e parlà!

---

1. Bugia.
2. Infastidire.
3. Le punte della falda del mio cappello ['a paglietta].
4. Crusca.
5. Infame.
6. Saresti compassionevole
7. Sopra.
8. I peli.
9. Tasca.
10. In testa.
11. I gambi.
12. Ravanelli.
13. Intera.
14. Con la pipa in bocca e la candela in mano.
15. Dietro.
16. Pantaloni.
17. Giacca.

Dolce, anzi dolcissima dichiarazione d'amore. I complimenti dedicati alla donna sono quasi interamente rubati alla pasticceria napoletana: bombon, babà...

CIUCCULATINA MIA
(Pisano – Cioffi)

Io n'aggio[1] visto femmene, ma tu 'nu si 'na femmena...
tu si 'na venere, tu si 'na venere quanno te veco nun ragiono cchiù...
'sta faccia d'angelo me' fa svenì, sta vocca[2] 'e fravula, me fa murì.
Tu si 'na sfugliatella di Caflisce[3], si capisce,
Sei bellissima, sei dolcissima, sei squisita come un bombon,
sei zucosa[4] c'e omè un babà fatte spusà! Ciucculatina mia.

Tutte e 'ggiurnale parlano ca si 'a cchiù bella 'e Napule,
che si' 'na bambola, che si' 'na bambola.
Tutte e pitture te vonno pitta'[5]...
'Nu miliardario 'mpazzuto 'e te, vene 'a ll'America pe te vedè.
Tu si 'na sfugliatella di Caflisce, si capisce,
sei bellissima, sei dolcissima sei squisita come un bombon,
sei zucosa c'è omè un babà fatte spusà!
Ciucculatina mia.

Si tu sentisse ll'uommene p' 'a strada che te diceno
quanno te vedono, quanno te vedono.
'Nu giovane 'ncantato a te guarda', dicette: è inutile, nun c'è che ffa?
Pe' via 'e 'sta femmena[6], m'aggia 'nzurà[7]!
Tu si 'na sfugliatella di Caflisce, si capisce.
sei bellissima, sei dolcissima sei squisita come un bombon,
sei zucosa c'e omè un babà fatte spusà!
Ciucculatina mia.

Tu si 'na sfugliatella di Caflisce, si capisce.
sei bellissima, sei dolcissima sei squisita come un bombon,
sei zucosa c'è omè un babà fatte spusà!
Ciucculatina mia.

1. Ne ho.
2. Bocca.
3. Sfogliatella di Caflisch. Dolce napoletano che si comprava in questa celebre pasticceria che sorgeva fino ad alcuni anni fa in via Toledo.
4. Succosa.
5. Ti vogliono ritrarre.
6. A causa di questa donna.
7. Devo sposarmi.

Il comico disagio di una donna, una maestra elementare, che accusa un lui di essere villano e poco galante, di non usare mai le buone maniere e di essere troppo grossolano con le sue continue avances.

CLEMENTINA SANTAFÈ
(Pisano – Cioffi)

(Villanzo! Mascalzon!
Va… va... va... va… va… llà!)
La maestra elementare,
Clementina Santafè,
che è costretta a sopportare
n'imbecille ccomm'a tte.
Tu non hai galanteria,
non conosci sciccheria...
Ccà si nun se trova 'a via[1]
sa che guaio sarai per me.
Sei comune, sei cafone, sei cretino.
Sei cretino, sei cafone, sei villano:
Tu me piglie 'a mana 'mmano e dici:
Viene'a ccà...
Si me daie 'nu vaso[2] mmocca te
rialo[3] 'nu babà[4].
Ah! Io non posso sopportare
queste tue volgarità!

(Villanzo! Mascalzon!
Va… va... va... va… va… llà!)
L'altro giorno in trattoria tu me
fatto stravedè,
dice: 'O stocco[5] è a morta mia!
E te l'ordini per te.
Quanno arrivano e pietanze
senza regole e creanza
tu me lieve 'o pesce 'a nanze[6]
e me daie 'o stocco a me?
Sei comune, sei cafone, sei villano
sei villano, sei cafone sei cretino:
Te veviste[7] tutto'o vino
po' diciste: Viene 'a ccà
Si me faje piglià 'o passaggio[8]
ce ne jammo al cinemà.
Oh! Io non posso sopportare
queste tue volgarità!

(Villanzo! Mascalzon!
Va… va... va... va… va… llà!)
Ieri dissi: Sà… mi sento nello
stomaco... che so…
'nu disgusto… 'nu tormento
Mi sai dire che ce vo'?
Stammatina me purtato
trenta grammi di solfato

e mi hai detto: L'ho pagato
quattro soldi e te lo do.
Sei comune, sei cafone, sei villano
sei villano, sei cretino sei cafone:
Io m'affaccio dal balcone
per venirti a saluta'...
E tu 'a vascio[9]: Tiene a mmente[10]
ca stasera ti 'a[11] purgà
Uh! Io non posso sopportare
queste tue volgarità!

(Villanzo! Mascalzon!
Va... va... va... va... va... llà!)

---

1. La via d'uscita.
2. Bacio.
3. Regalo.
4. Dolce tipico napoletano.
5. Stoccafisso.
6. Davanti.
7. Bevesti.
8. Se ti concedi un po'.
9. Dal basso.
10. Ricorda.
11. Devi.

Il pezzo è una scherzosa tirata politica sul senso del collettivismo su cui il marxismo è fondato. Si parte dal prodotto del lavoro, si passa per i beni ereditati dalla famiglia. Si arriva infine alle mogli: non vanno divise anch'esse per il bene della collettività?

IL COLLETTIVISTA

(N. Valente – V. Valente)

I

Forzosamente vogliono
chiamarmi socialista!
Non san quel ch'essi dicono,
io son Collettivista,
cioè sono discepolo
di Marx, genio immortale!
Ed ho studiato *funditus*,
e adoro il Capitale.

Ah!
Il tuo non è più tuo,
Il mio non è più mio,
se producete voi
debbo produrre anch'io.
Avete dei risparmi?
Embè, mettite ccà...
Bisogna riconoscere
la Collettività!

II

Innanzi alla gran legge
della produzione
sparisce ogni divario
fra il servo ed il padrone,
le case, i fondi rustici,
l'argento, il bronzo, l'oro
diventan semplici
strumenti di lavoro.

Ah!
La terra ch'io coltivo
Esser non può d'un altro,
tu sei di me più ricco?
Io son di te più scaltro!
Zi-zio che vi ha lasciato?
Embè, mettita ccà.
Bisogna riconoscere
la Collettività!

III

Lo scambio dei prodotti,
siccome un *crimenless*,
disprezza, anzi vitupera,
la società borghese!
L'amor dev'esser libero
Vi ha dritto ogni persona.
Non posso morir tisico
se tua sorella è bbona!

Ah!
Il resto è pregiudizio,
errore, ipocrisia!
Avanzo di barbarie
È la monogamia...
Mugliere ne tenite?[1]
Embè, mettita ccà.
Bisogna riconoscere
la Collettività!

1. Avete delle mogli?

Una promessa sposa si tira indietro proprio all'ultimo istante. Vero affronto per lui che insiste con ogni mezzo perché il matrimonio si faccia. Affiora nel finale il doppio senso immancabile in queste composizioni.

COME SON NERVOSO

(Pisano – Cioffi)

I

Buh! Buh! Buh! Buh! Buh!
Buh! Buh! Buh! Buh! Buh!

Comme sto nervoso!
Io 'nu guaio, io 'nu guaio, io 'nu guaio,
io 'nu guaio, io 'nu guaio passerò per te.

Dopo circa trenta mesi, oibò, oibò
D'un amore casto e puro, oibò, oibò
D'un amore assai sincero, oibò, oibò
D'un amore senza pari
Tu me manne[1] 'a cameriera
E me manne a fa'[2], e me manne a fa'
Chesta 'mmasciata[3] ccà:
Nun me vuo' spusa', nun me vuo' spusa'.
Ah, tu non m'ami più?
Ah sì? Mbè mbè
Te si scucciata 'e me?
A neh? Seh! Seh!
Ah sì? Mbè mbè
A neh? Seh! Seh!
Ah sì? Mbè mbè
A neh? Io 'nu guaio, io 'nu guaio
Io 'nu guaio, io 'nu guaio, io 'nu guaio
passerò per te.

II

Se capisce, 'e ll'erba molle
Ahimé... ahimé...
Ogniduno se n'abusa,
Ahimé... ahimé...
Si sapeva nel paese,
Ahimé... ahimé...
Che dovevo far lo sposo.
Mo m' 'e[4] fatto chistu guaio!

Io nun pozzo fà
Io nun pozzo fà
Chesta figura ccà...
Tu mo mi 'a[5] spusà
Nun me 'a fa' dannà.

Ah, tu non m'ami più?
Ah sì? Mbè mbè
Te si scucciata 'e me?
A neh? Seh! Seh!
Ah sì? Mbè mbè
A neh? Seh! Seh!
Ah sì? Mbè mbè
A neh? Io 'nu guaio, io 'nu guaio
Io 'nu guaio, io 'nu guaio, io 'nu guaio
passerò per te.

III

Come puoi dormir la notte
Oj Ro'... Oj Ro',
dopo questo tuo misfatto?...
Oj Ro'... Oj Ro',
Non ti sei vestita a lutto?
Oj Ro'... Oj Ro',
Tu non tieni cuore in petto!
Ed io pure, poveretto,
nun 'o tengo cchiù,
nun 'o tengo cchiù.
Mi ricordo come fu:
T' 'o pigliaste tu!
T'arrubbaste tu!

E mo non m'ami più?
Ah sì? Mbè mbè
Te si scucciata 'e me?
A neh? Seh! Seh!
Ah sì? Mbè mbè
A neh? Seh! Seh!
Ah sì? Mbè mbè
A neh? Io 'nu guaio, io 'nu guaio
Io 'nu guaio, io 'nu guaio, io 'nu guaio
passerò per te.

1. Mandi da me.
2. E mi fai recapitare.
3. Messaggio.
4. Mi hai.
5. Mi devi.

Quando Cupido colpisce al cuore, non fa capire più niente. Tanto da ridurre questo povero uomo a burattino fra le mani della donna tanto amata. Ma tutto ha un limite.

CUPIDO QUESTO TI FA'

(Pisano – Cioffi)

Io camminavo distratto – Zza
Quanno sentette 'na botta – qua
Ed accusai un palpito,
'Na specie di malessere
Proprio nel posto dove batte il cuor.

Dopo tre passi mi volto – Tò!...
Guarda che pezzo di figlia – gué
Così conobbi Ersilia,
che tra Carmela e Venere
era 'na cosa 'e mezzo su per giù.

Cupido questo ti fa'
Cupido questo ti fa'.

Mena 'a freccia po' se ne va.
Io stevo quieto, neh!
Io stevo tranquillo, neh!
Chillo vene e m' 'a mena a me.

Ma guardate 'nu poco
'Stu ddiece 'e Cupido
'Stu piccolo ignudo
Che scherzi ti fa
Mena 'a freccia po' se ne va.

Impazzito d'amore!... Impazzito d'amore!
Come batte questo cuore, quando palpita d'amore.
Ma che strano rumore – ma che strano rumore.

Chiàcchete – chiàcchete – chiàcchete – chiàcchete
Chiàcchete – chiàcchete – chiàcchete – chià.

Ora mi sono ammogliato – sì
Ma mica faccio il marito – no
So' 'a femmena 'e servizio
Scopo, arricetto, spolvero.

Lavo 'e piatti e faccio anche il ragù
Quanno so' 'e sette precise, gué
Viene mia moglie e mi sveglia – suu!
Governami il canario,
compra la carta igienica
Poi compra le patate ed il carbon.

Cupido questo ti fa'

Cupido questo ti fa'.

Mena 'a freccia per' te 'nguaià
Stavota ha 'nguaiato a me,
Stavota ha 'nguaiato a me,
Certo, 'a fine nne vo' vedé'.

Ah, si l'aggio int' 'e mmane
A Cupido 'o ragazzo
Gli rompo la freccia
Ce l'aggia scassà
E fernesce 'e me ncuità.

Maledetto l'amore! Maledetto
l'amore!
Tengo ll'acqua dint' 'a capa,
quann' 'a movo fa rumore,
Ma che strano rumore – ma che
strano rumore!

Chiàcchete – chiàcchete –
chiàcchete – chiàcchete
Chiàcchete – chiàcchete –
chiàcchete – chià.

Ieri mia moglie mi ha detto – sa,
Viene il cugino Michele – qua
È professore in lettere,
conosce lingue asiatiche,
E 'o giapponese a me m' 'o vo'
'mparà.

Ecco è arrivato, fa presto, va.
Corri in cucina e fa' o' brodo – tu
Noi stiamo nello studio,
perciò non ci distogliere,
chiudici dentro e facci studià.

Cupido questo ti fa'
Cupido questo ti fa'.

Va 'ncuitanno l'umanità
Stavota scommetto che
Stavota scommetto che
'O Giappone 'nquieta a me.

Ma guardate 'nu poco
'Sta pazza si chiude
'int ' 'a stanza p' 'a lingua
che s'adda 'mparà
Io 'e vulette senti' 'e parlà.

E mi misi a sentire – e mi misi a
origliare
Ma che lingua curiosa
Accussì difficoltosa
Io sentivo di dire, io sentivo di dire.

Chiàcchete – chiàcchete –
chiàcchete – chiàcchete
Chiàcchete – chiàcchete –
chiàcchete – chià.

E no, stavolta Cupido non me la
conta giusta
Io a Cupido l'aggia ciaccà.

Soldato suo malgrado, quest'uomo indossa la divisa ma vive soprattutto pensando a Immacolata, il suo grande amore che è lontano. Per lei sogna, piange, dimagrisce a vista d'occhio. La stessa morte gli fa paura solo perché gli impedirebbe di rivederla ancora.

CUSCRITTO 'NNAMMURATO
(Roberto Murolo)

I

M'hanno fatto surdato artiglieria.
Artiglieria 'e furtezza...
Ma 'a forza chi m' 'a dà?...
Nun sanno ca si tutta 'a vita mia
e quanno stai luntano nun pozzo
cchiù campà[1].
Sona 'a sveglia e nun me sceto[2].
Sona 'o rangio e si m' 'o mangio..
Mangio e penzo sempe a tic[3]...
Mmaculata[4]... Mmaculò...
Senza 'e te chi pò marcià.
Senza 'e te chi pò campà..
Sto' sempe penzaruso[5].
Scuntruso e appucuntruso[6]...
Si aggio 'nu permesso
corro subito 'mbraccio a tté.

II

Quando me sento scuro chistu
core
Me leggo 'a cartulina
ca me mannato tu.
Ncè scritto: Ti adoro, mio tesoro.
da quando sei partuto
non mi conosco più.
Pò me mengo 'ncoppo 'a branda[7]
e me faccio 'na chiagnuta[8]...
Chiagno sempe e penzo a tté.
Mmaculata... Mmacula'...
Senza 'e te chi pò marcià.
Senza 'e te chi pò campà.
Me danno 'e ppunizione.
Me mettano 'nprigione.
Me chiammano 'mbicillo..
Sò mbicillo che ce aggia fà[9]...

III

Stanotte bella mia, m'aggio
 sunnato[10]
ca me dicive: Viene…
Strignennote però me sò scetato[11]
'cu 'a mano 'ncuollo a uno[12]
ca dorme affianco a mme.
Me so' fatto sicco sicco[13].
Sto' caccianno l'ossa a fore[14]...
caccio l'ossa e penzo a tté..
Mmaculata… Mmaculà…
Senza 'e te chi pò marcià.
Senza 'e te chi pò campà..
Si vaco all'istruzione,
quanno veco 'o cannone
me faccio int' 'o… pensiero[15]
ca si moro nun veco a tté...

---

1. Non posso più vivere.
2. Sveglio.
3. Te.
4. Immacolata [nome piuttosto diffuso a Napoli].
5. Pensieroso.
6. Malinconico.
7. Mi lascio cadere sulla branda.
8. Pianto.
9. Che posso farci.
10. Ho sognato.
11. Tentando di stringerti, però, mi sono svegliato.
12. Con la mano addosso a un tale.
13. Magro magro.
14. Mi si vedono le ossa.
15. Rifletto con me stesso.

Vicende quotidiane di un guappo della Sanità, che impone la sua legge e cattura come e quando vuole i favori delle donne del suo quartiere. Ma una vedova lo incanta.

DON CARLUCCIO

(Di Giacomo – Gambardella)

I

Ll'ugliarara[1] 'a cchiù gentile
Sta int[2] 'o vico 'e Funtanelle[3],
addò 'e femmene cchiù belle
stanno 'e tutta 'a Sanità[4]!

(*Coro*)
Stanno 'e tutta 'a Sanità!

Cu 'na vita 'e seta janca[5],
cu ciert' uocchie 'e seta nera,
luce 'o juorno e luce 'a sera,
e fa ll'uommene abbaglià!

(*Coro*)
E fa ll'uommene abbaglià!

Puvurella! 'A cchiù de 'n anno
Trapassato ll'è 'o marito!
Chiagne, 'o chiamma, 'o va
truvanno[6]...

(*Coro*)
'O va truvanno... 'o va
truvanno...
E tiritò!
Tiritì!
Tirità!

Songo
'o capo d' 'a suggità[7]
ma 'stu core è 'nu butirro[8]
ca 'ncopp' 'o ppane
se po' mangià!

II

Dint' 'o viculo 'e rimpetto
Cu 'sta rrobba assai cchiù fina;
è 'a patrona d' 'a cantina
addò a bevere vaco i'[9].

(*Coro*)
Addò a bevere vai tu!

O sarrà 'sta sprinia 'Averza[10]
O 'a strettezza d' 'o lucale,
'o ccert'è ca mme fa male,
mm'aggia sosere e aggia ascì[11].

(*Coro*)
S'adda sosere e adda ascì.

Cantenè'![12] Se non m'inganno
Pure verola[13] vuie site
(Pure chesta 'o va truvanno!...)

(*Coro*)
'O va truvanno... 'o va truvanno...
E tiritò!
Tiritì!
Tirità!

Songo
'o capo d' 'a suggità
ma 'stu core è 'nu butirro
ca 'ncopp' 'o ppane
se po' mangià!

III

Io so' guappo[14]. E stonco 'e casa[15]
dint' 'o vico 'e Funtanelle
addò 'e femmene cchiù belle
a mpazzi' vanno[16] pe' me.

(*Coro*)
A mpazzi' vanno pe' te!

Nun ce sta negozio aperto
addò subbeto nun traso[17],
'o cchiù poco aggio 'nu vaso[18]
'o cchiù assaie nun 'o po' dì[19].

(*Coro*)
'O cchiù assaie nun 'o po' dì.

Io mm' 'a faccio passianno[20];
«Belli ffe»[21]! Ccà sta 'on
Carluccio!
Chi mme vo'! Chi 'o va truvanno.

(*Coro*)
Chi 'o va truvanno... chi 'o va
truvanno...
E tiritò!
Tiritì!
Tirità!

Songo
'o capo d' 'a suggità
ma 'stu core è 'nu butirro
ca 'ncopp' 'o ppane
se po' mangià!

---

1. Venditrice d'olio.
2. Nel.
3. Via Fontanelle, nel cuore della Napoli popolare.
4. Quartiere napoletano.
5. Bianca.
6. Lo cerca.
7. Società, termine gergale che sta per malavita.
8. Burro.
9. Dove io vado a bere.
10. Vino asprigno di Aversa.
11. Devo alzarmi e devo uscire.
12. Cantiniera.
13. Letteralmente: castagna arrostita.
14. Personaggio della vecchia società napoletana, rispettato e temuto nel quartiere a causa della sua prepotenza.
15. Abito.
16. Impazziscono.
17. Entro.
18. Avrò almeno un bacio.
19. Al più... non si può dire.
20. Passeggiando.
21. Belle donne.

Si prende di mira il pericolo costituito dalla novità, per l'epoca, delle donne che guidavano, e anche dall'atteggiamento qualche volta un po' frivolo col quale stavano al volante.

LA DONNA AL VOLANTE
(Armando Gill)

L'automobile è un veicolo ch'addò passa nc'è pericolo:
si te ncoccia[1] 'int' 'a 'nu vicolo, ti scamazza[2] l'ombellicolo!...
E si apprimma sulo l'uommene 'a putevano purtà,
mò ca 'gghiuta[3] mmano 'e femmene, 'e fernuto[4] 'e cammenà!

È accussì ca ogne matina mmiez' 'a folla e 'a strada stretta
'a signora e 'a signurina mette in mostra 'a machinetta.
E se qualche giovinotto se mpappina[5] p' 'e guardà
Quanno l'hanno miso sotto nun s'arriva[6] cchiù a salvà!...

Ma a scanzare il precipizio, l'assessore con giudizio,
per il libero esercizio mette il guardio[7] di servizio.
Così tutte queste eccentriche, questo sport nuovo secolo,
nun appena vonno[8] correre, esce o' guardio c' 'o bisecolo[9].

E ogni dì pel corso pubblico ogne tanto è 'na scenetta:
Signuri'! Dateme 'o nummero, vuie cacciateme 'a libretta[10]!
Ma io ci ho una ruota sgonfia e non posso camminà;
Favorite 'a dint'[11] 'o vicolo e mettiteve a pumpà!...

Macchinette che passeggiano, macchinette che volteggiano.
E le belle che gareggiano, come e che si pavoneggiano.
Senti, Clara! Senti, Alberta! La tua macchina non si usa!
Oh! A me piace averla aperta! A me piace averla chiusa!

Giorni fa una signorina con la Kiribiri nuova
Volle andar fino a Resina[12], con gli amici a fà 'na prova,
ritornando, verso notte, piante, lacreme, suspiri:
arrivaie cu 'e rrote rotte, se scassaie[13] la Kiribiri!

Coda:
L'automobile è un veicolo ch'addò passa nc'è pericolo:
dint' 'o stritto 'e quacche vicolo, state accorti all'ombellicolo!...

---

1. Urta.
2. Schiaccia.
3. Andata.
4. Hai finito.
5. Si distrae, si confonde.
6. Non riesce.
7. L'agente [qui nel senso di vigile urbano].
8. Vogliono.
9. Letteralmente: lisciapiante, arnese tagliente col quale il calzolaio leviga suole e tacchi.
10. Esibite i documenti.
11. Dentro.
12. Nel territorio di Ercolano in provincia di Napoli.
13. Guastò.

Sospiri pieni di desiderio di un uomo che aspira a far sua questa donna Amalia, desiderabile e piena di grazie che tanti altri già apprezzano, ma la «mamma» si oppone.

Donn' Ama'

(Pisano – Cioffi)

I

La donna rappresenta la dolcezza
Il paradiso della giovinezza
Voi, donn'Amalia mia, cu 'stu surriso
Siete trecento volte il paradiso.
Ve guardo 'nfaccia, mmocca,
dint'[1] a ll'uocchie - donn' Ama'
e dove batte l'occhio
nun se stanca 'e ve guardà-
Donn' Ama',
io vulesse amà,
Donn' Ama',
e ve vurria tené
'mbraccio a me...
Donn' Ama'.
Ma
C'è di meno un... ma,
Donn' Ama'
che non ci fa sposà
la mammà,
guarda qua... che bontà
mamma mà... donn' Ama'.

II

Si 'e vvote passeggiate pe' Tuleto[2]
Purtate 'a folla 'e giuvinotte arreto[3]...
Capisco... il marciapiede è del pedone,
ma vuie fermate 'a circolazione.
E io pure vengo appriesso
'nzieme a ll'ate pe' guardà,
e faccio 'na nuttata
'nmiez 'o lietto a sospirà:
Donn' Ama',
io vulesse amà,
Donn' Ama',
e ve vurria tené
'mbraccio a me...
Donn' Ama'.
Ma
C'è di meno un... ma,
Donn' Ama'
che non ci fa sposà
la mammà,
guarda qua... che bontà
mamma mà... donn' Ama'.

III

Oggi s'è rotta 'a machinetta mia
E nun ve pozzo fà 'a fotografia…
Faciteme 'o favore… che ve costa?
Voglio 'nu poco 'a machinetta
vosta.
E ve ne faccio due,
due soltanto, donn' Ama',
uno 'e profilo…
e 'n'ata comme v' 'a vulite fà?
Donn' Ama',
io ve lusse amà,
Donn' Ama',
e ve vurria tené
'mbraccio a me…
Donn' Ama'.
Ma
C'è di meno un… ma,
Donn' Ama'
che non ci fa sposà
la mammà,
guarda qua… che bontà
mamma mà… donn' Ama'.

Che suffrì… che sperì… che svenì…
Donn' Ama'.

---

1. Dentro.
2. Toledo, via del centro di Napoli.
3. Dietro.

Un uomo, superiore a ogni pettegolezzo, lascia la propria moglie libera di frequentare ogni festa. Fino al punto da concederle di coltivare il suo amore per la musica standosene chiusa a chiave in salotto con un maestro dalle nove alle tre. Non sarà troppo?

DON SAVERIO

(Cinquegrana – Valente)

I

A ggente quanta cose vo' sapé!...
Si tengo, comm' 'e tengo[1]... Neh, pecché?
Ca tutt' 'e sere tengo società...
Ca do a mia moglie troppa libertà...
È libera, gnorsì; ma che perciò?...
Mia moglie sola sola star non può...
Arap'[2] 'a sala a tutti, è vero... ma...
Mia moglie poi sa bene quel che fà!

II

Mia moglie nasce bene: è di Corfù!
E ttene, si capisce, 'e *scemanfù*[3].
Ha gusti aristocratici e *bontò*[4].
E 'o club, 'o ballo, 'o Circolo ce vo'!
Levatele 'nu poco 'e *suaré*[5],
e vuje 'a ruvinate[6]... E po' pecché?
È vero, è corteggiata ovunque, ma...
Mia moglie poi sa bene quel che fà!

III

P' 'a musica mia moglie pazza va...
'Nu poco nun po' sta' senza sunà.
Ce se spassa[7] 'o maestro de Buscé:
s' 'a mette sotto 'e nove e 'a lassa 'e tre[8].
E quanno lloro sonano manch'i'[9]
dint' 'o salotto mio pozzo trasì[10]!
È vero, stanno sule... 'nchiuse[11]... ma...
Mia moglie poi sa bene quel che fa!

---

1. Se ne possiedo [soldi] e come li ho.
2. Apre.
3. Frivolezze, vanità.
4. Bon ton. Raffinatezze e altissimo buon gusto nel comportarsi e nel presentarsi.
5. Serata [danzante].
6. E voi le fate del male.
7. Con lei si diverte.
8. Comincia con lei alle nove e la lascia alle tre.
9. Nemmeno io.
10. Posso entrare.
11. Chiusi.

Nel bel mezzo della festa di San Gennaro, Zazà sparisce misteriosamente. Il suo compagno Isaia la cerca dappertutto, inutilmente. Nella speranza di ritrovarla si presenta alla festa del Santo anche l'anno successivo, ma di Zazà nessuna notizia. Ma tutto sommato, a Isaia va bene anche la sorella, con la quale potrà «sfogare» il dolore per la perdita dell'amata.

DOVE STA ZAZÀ?

(Cutolo – Cioffi)

I

Era la festa di San Gennaro,
quanta folla per la via...
Con Zazà, compagna mia,
me ne andai a passeggià.

C'era la banda di Pignataro
che suonava il «Parsifallo»
e il maestro, sul piedistallo,
ci faceva delizià...

Nel momento culminante
del finale travolgente,
'mmiez'a tutta chella gente,
se fumarono a Zazà!...

Dove sta Zazà?!
Uh, Madonna mia...
Come fa Zazà,
senza Isaia?...

Pare, pare, Zazà,
che t'ho perduta, ahimé!
Chi ha truvato a Zazà
ca mm' 'a purtasse a me[1]...
Jàmmola a truvà[2]...
sù, facciamo presto...
Jàmmola a incontrà
con la banda in testa...
Uh, Zazà! Uh, Zazà! Uh, Zazà!
tuttu quante aîmm'[3] 'a strillà:
Zazà, Zazà,
Isaia sta ccà! Isaia sta ccà! Isaia sta ccà!...
Zazà, Zazà, za-za-za-za,
comm'aggi a fà pe' te truvà?!
I', senza te, nun pozzo stà...
Zazà, Zazà, za-za-za-za....
Za-za-za-za-za-za-zà...

II

Era la festa di San Gennaro,
ll'anno appresso cante e suone...
bancarelle e prucessione...
chi se pò dimenticà!?

C'era la banda di Pignataro,
centinaia di bancarelle
di torrone e di nocelle
che facevano 'ncantà.

Come allora quel viavai,
ritornò per quella via...
Ritornò pure Isaia,
sempre in cerca di Zazà...

Dove sta Zazà?
Uh! Madonna mia...
Come fa Zazà,
senza Isaia?
Pare pare, Zazà
che t'ho perduta, ahimé!
Chi ha truvato a Zazà,
ca mm' 'a purtasse a me...
Se non troverò lei, ch'è tanto bella,
mm'accontenterò 'e truvà 'a
sorella...
T'amerò, t'amerò, t'amerò,
pure a lei glielo dirò che t'amerò:
T'amerò, Zazà! T'amerò, Zazà!
T'amerò, Zazà!
Zazà, Zazà, za-za-za-za...
che t'amerò ll'aggi'a cuntà[4]...
Con tua sorella aggi'a sfugà[5]...
Zazà, Zazà, za-za-za-za...

Zazà, Zazà, za-za-za-za...
comm'aggi' 'a fà pe' te truvà?!
I', senza te, nun pòzzo stà!
Zazà, Zazà,
za-za-za-za-za...
Za-za-za-za-za-za-zà...

---

1. Me la riporti.
2. Andiamo a cercarla.
3. Dobbiamo.
4. Ho bisogno di raccontarlo.
5. Devo sfogarmi.

Spassosa canzone che segue il percorso di una storia d'amore e dell'attesa di due gemelli. Tutto è idilliaco all'inizio, tutto diventa insopportabile dopo, quando nascono.

I DUE GEMELLI
(Pisano – Cioffi)

I

Tu si' nata pe' te mmaretà[1],
pecché si' femmena...
Io sò' nato pe' mme spusà a te...
pecché sò' màsculo...
E mme ll'hê 'a fà passà chistu gulìo[2]:
Io mme piglio a te,
tu te piglie a me...
tesoro mio...

Io benedico a màmmeta,
ca se spusaje a pàteto,
e te facette nascere
pe' fà felice a me...
E voglio dduje gemelle
belle, belle, belle, belle...
'o maschio e 'a femmenella
belle, belle, belle, belle...
'A nennélla[3] tale e quale a te...
'O nennillo[4] tale e quale a me...

II

'Na figliòla[5] bella comm' 'a te,
nun pò cchiù nascere...
'Mmiez'a tutt' 'e bbelle saje che si'?
'A meglia 'e Napule!
Pirciò famme passà 'sta pecundrìa[6],
jammo[7], dice si'...
nun mme fà murì,
sciasciòna mia[8]...

Io benedico a màmmeta,
ca se spusaje a pàteto,
e te facette nascere
pe' fà felice a me...
E voglio dduje gemelle
belle, belle, belle, belle...
'o maschio e 'a femmenella
belle, belle, belle, belle...
'A nennélla tale e quale a te...
'O nennillo tale e quale a me...

III

Chesto t' 'o ddicevo 'n anno fa...
mo si' muglierema[9]...
E si' nata pe' mme fa' schiattà[10]...
'nfamòna[11] 'e femmena!
Ma si mme piglia 'ncapa 'a pazzarìa[12]
io te sciacco[13] a te...
o tu sciacche a me...
parola mia...

Io strafucasse[14] a màmmeta
ca se spusaje a pàteto
e te facette nascere
pe' fà infelice a me...

Mm'hê fatto dduje gemelle
belle, belle, belle, belle...
'O maschio e 'a femmenella
belle, belle, belle, belle...
'O guaglione, brutto comm'a che!
'A guagliona, cchiù carogna 'e te!

Finale:
Ma comme io dico: pàteto,
se va a 'ncuntrà cu mammeta...
Se sposano e cumbinano
stu ddiece[15] 'e guajo a me?!...
Mm'hê fatto duje gemelle
belle, belle, belle, belle...

---

1. Sposarti.
2. E devi esaudire questo mio desiderio.
3. La bambina.
4. Il bambino.
5. Fanciulla.
6. Tristezza.
7. Andiamo.
8. Simpaticona mia.
9. Mia moglie.
10. Per ammazzarmi.
11. Crudele.
12. Se mi scoppia in testa la pazzia.
13. Ti ferisco.
14. Strangolerei.
15. Dieci [eufemismo per «Dio», usato per formare un superlativo].

Un uomo che viaggia in tram crede di vivere un'avventura galante. Si sente un conquistatore, si illude pure che finirà con la donna in una camera d'albergo. Fino all'istante in cui capisce che la sua conquista – la «signora» – sta solamente spillandogli quattrini.

E ALLORA
(Armando Gill)

Nel tram di Posìllipo, al tempo dell'està,
un fatto graziosissimo, mi accadde un anno fa;
Il tram era pienissimo, 'a miezo, 'a dinto e 'a fora[1],
quando, alla via Partènope, sagliette[2] 'na signora!

E allora?...

E allora io dissi subito: «Signora, segga qua!»
Rispose lei: «Stia comodo, vedrà che ci si sta...
si strìngano, si strìngano, per me c'è posto ancora...»
E quase 'nzino[3], 'ndrànghete... s'accumudaje 'a signora!

E allora?...

E allora, dietro all'angolo, mi strinsi ancora un po'...
lei rise e poi, guardandomi, le gambe accavalciò...
Io suspiraje vedennole tanta 'na gamba 'a fora,
comme suspiraje Cesare p' 'e ccosce d' 'a signora!

E allora?...

E allor dissi: «È di Napoli?» «No, mi sun de Milan!»
«Fa i bagni qua, certissimo! «No, mi parto duman...
Vorrei vedere Frìsio[4], non visto mai finora...»
«Se vuole, io posso...» «Oh, grazie!...» E s'ammuccaje[5] 'a signora!

E allora?...

E allora, po', addunànnome ca
dint' 'o trammuè[6],
'a gente ce guardava, dissi:
«Signò', scendé'...»
E mme pigliaje 'nu taxi a vinte lire
a ll'ora...
e a Frìsio ce ne jèttemo[7], io sulo,
cu 'a signora!

E allora?...

E allora, senza scrupoli,
mm'accummenciaje a lanzà...[8]
ma lei, con fare ingenuo, mi disse:
«Oh, ciò non sta...
Andiamo prima a Frìsio,
mangiamo e, di buonora...
io sto all'Hotel Vesuvio, lei mi
accompagna... e allora...»

E allora?...

E allora io feci subito «'necessità
virtù»...
Ma a Frìsio ce magnajemo[9]
duiciento lire e cchiù...
Turnanno, immaginateve, stevo cu
ll'uocchie 'a fore...[10]
Finché all'Hotel Vesuvio,
scennette cu 'a signora...

E allora?...

Qui viene il graziosissimo ca,
jenno pe' trasì[11],
a tutti presentàvami: «Presento mi'
marì'!...»
Mm'avea pigliato proprio pe' 'nu
cafone 'e fora...[12]
E ghièttemo[13] 'int' 'a cammera e
s'assettaje 'a signora!

E allora?...

E allora, mentre proprio 'a stevo
p'abbraccià,
vicino 'a porta... Ttùcchete...
sentette 'e tuzzulià...[14]
«Chi sarrà maje 'sta bestia? Si
mandi alla malora!...»
'Nu cameriere in smoking, cu 'o
cunto d' 'a signora!...

E allora?...

E allora ce guardajemo, curiuse[15],
tutt'e tre...
Lei prese il conto e... «Pàgalo:
duemila e ottantatré...»
Cu 'na penzata 'e spìreto diss'io:
«Mo, nun è ora!»
E il cameriere pratico: «Pardon,
signor... signora!...»

E allora?...

E allora lei fa: «Sei stupido!...»
«Qua' stupido, madà':
Ciento lirette 'e taxi, duiciento pe' magnà...
Duimila e tanta 'e càmmera... e chesto che bonora!...
Ccà ce vò' 'o Banco 'e Napule, carissima signora!»

E allora?...

E allora, senza aggiungere manco 'nu «i» e 'nu «a»,
pigliaje 'o cappiello e, sùbbeto, mme ne scennette 'a llà...
Truvaje ancora 'o taxi: «Scioffer... pensione Flora!...»
E ghiette a truvà a Amelia ca mm'aspettava ancora...

E allora?...

E allora ebbi la prova di una grande verità:
Ch' 'a via vecchia, p' 'a nova, nun s'ha da maje cagnà![16]

---

1. Al centro, dentro e fuori.
2. Salì.
3. In grembo.
4. Celebre scoglio panoramico di Posillipo.
5. Abboccò all'amo.
6. Accorgendomi che nel tram.
7. Andammo.
8. Azzardai delle avances.
9. Spendemmo per mangiare.
10. Ero eccitato per quel che doveva accadere.
11. Mentre facevamo il nostro ingresso [nell'hotel].
12. Mi aveva davvero preso per un provinciale.
13. Andammo.
14. Bussare.
15. Disorientati.
16. Cambiare.

Puro esempio di macchietta, nella quale si disegna un personaggio che all'epoca si poteva incontrare: uno degli ultimi esemplari di nobili titolati che trascorrevano la vita tra sport, divertimenti galanti e salotti, evitando il lavoro e godendosi le proprie rendite.

L'ELEGANTE

(Russo – Valente)

I
La sera vado al Circolo,
il giorno a via Caracciolo,
sono il conte Mammocciolo
y de Cavaturacciolo;
Non bado, sa, allo spicciolo:
Mille, duemila, che!...
Sono sciocchezze, inezie!...
Oh! Ciao, addio, Marché'...

II
Finché si è belli e giovani
e intelligenti, caspita,
ci si diverte a scorrere
la vita dello scapolo.
Non so... ma esaminandomi,
in testa ho molto *zurf*[1],
mi danno dello spirito,
ed il mio forte è il *turf*[2]!...

III
Sai, per noi altri nobili,
tutto riesce facile,
la donna cade subito
dinanzi al nostro fascino!
Quel *savoir faire*, quell'abito,
ed il blasone, che!...
ti fanno il giro rapido...
Oh! Come stai, Memè?...

IV
Sai, la Contessa Dotaro
è ritornata a Napoli,
riceve tutti i sabato...
e tu sei sempre in grazia?
Oh, giusto, sa a proposito,
il Duca è sempre qui?
Vienici la domenica:
C'è il *five o' clock tea.*

1. Zolfo.
2. Tappeto erboso delle piste di galoppo.

Filastrocca esilarante, piena di dispetti e minacce. Lui vuole sposarla a ogni costo, lei fa la difficile e preferisce andare a sciare.

E NON STA BENE
(Pisano – Cioffi)

Bella,
cu ll'uocchie belle,
cu 'a faccia bella
'na stella si'...
Tu, cu sti pònte[1] 'e stelle,
mi pungi il cuore:
mi fai morì!
Avevam' 'a sposà[2] p' 'a fin' 'o
mese...
ma tu dicesti: «Mo tengo da fare
lo sai che a Roccaraso devo
andare...
io sò' nata pe' scià...
che m'importa di sposà!?»

E non sta bene!
Sei una vigliacca Marì',
mi spacchi il cuore...
ma fai cilecca Marì'!

Io nun te faccio ascì[3],
te scasso[4] 'e sci,
te scasso 'e sci...
Se tu resti con me,
te compro 'e sciù[5],
te compro 'e sciù...

Si po' truove scé-scé,
povera a te,
povera a te:

Io te scasso 'e sci,
nun te compro 'e sciù,
e del tuo scé-scé,
io me ne freghé!

nfré!

Pe' ' 'na sciata tu te pierde a me?
io mme ne trovo n'ata meglio 'e te...
ti assicuro sì,
che se vai lassù,
certamente non ti sposo più!

nfrù!

Bocca...
che bella bocca

che tieni in bocca!...
ma che ne fo'...
quando cu 'a stessa bocca
che tieni in bocca,
mi hai detto: No!?
Mi fai parlare solo come un pazzo...
tu preferisce 'a neve e no stu... core
che batte, pulsa e palpita d'amore...
vuoi partire pe' scià
e mi resti[6] solo qua?!

E non sta bene...

Chiagne[7]?
Ma pecché chiagne?
Nèh, chella chiagne!
che chiagne a fà?
Questo non mi stupisce,
mi intenerisci
pe' ghì[8] a scià!...
T 'hê miso 'o cuppulone[9] e 'e pantalone...
'e scarpe chiene 'e chiuove[10] e 'a sciarpa 'e lana...
la donna che ripudia la sottana,
non è donna... sai cos'è?
È una... pàpera, quest'è!

E non sta bene!

---

1. Punte.
2. Dovevamo sposarci.
3. Uscire.
4. Rompo.
5. Pasticcino dolce ripieno di crema o cioccolato.
6. Lasci.
7. Piangi.
8. Andare.
9. Grosso copricapo.
10. Scarpe chiodate.

Il doppio senso qui è simpaticamente affidato al «tac» della fotografia, che il protagonista vuole scattare alla sua «lei». Dopo tante reticenze, anche a lei piace essere fotografata. E lui spavaldo, le spiega che il rullino è lungo e che perciò – di foto – può fargliene anche tante.

FATTE FÀ 'A FOTO
(Pisano – Cioffi)

I

'A che[1] facimmo 'ammore tutt'e duje,
nun aggio avuto 'nu ritratto tujo...
Dice ca nun 'o tiene pe' mm' 'o dà[2],
ma i' tengo 'o mezzo pronto pe' t' 'o fà[3]:
Mm'ho comprato una Kodak,
ca un' appena 'a tocc': Tac!
gira 'a molla, fa 'nu scatto,
e te caccia 'nu ritratto...

T' 'a vuò' fa' fa' 'na foto?
T' 'a vuò' fa' fa' 'na foto?
Jammo, fattélla fa', bellezza mia...
Io metto a fuoco e... tà!
tu si' venuta già...
Fatte fà 'a fò'...
fatte fà 'a fò'...
fatte fotografa'!

II

Nuje ce vedimmo quase ogne mumento,
ma chistu fatto nun mme fa cuntento.
'A notte, comme faccio a te vedé',
si 'nu ritratto nun 'o pòzzo avé'?

E perciò cu 'sta Kodak,
metto 'o dito e faccio... Tac!
Chella vène llà pe' llà
e mm' 'a vaco a sviluppà...

T' 'a vuò' fa' fa' 'na foto?
T' 'a vuò' fa' fa' 'na foto?
Jammo, fattélla fa', bellezza mia...
Io metto a fuoco e... tà!
tu si' venuta già...
Fatte fà 'a fò'...
fatte fà 'a fò'...
fatte fotografà!

III

'A primma ca te faje ce pruove
 gusto:
Di faccia, di profilo... a mezzo
 busto...
E va a fernì ca po' mme dice a me:
«Una non basta: me ne faccio tre!»

E io sto pronto cu 'a Kodak,
sempe pronto: Tac, tac!...
Chillo 'o rollo è luongo 'o ssà'..
Dimme: quante ne vuò' fa'?
T' 'a vuò' fa' fa' 'na foto?
T' 'a vuò' fa' fa' 'na foto?
Jammo, fattélla fa', bellezza mia...
Io metto a fuoco e... tà!
tu si' venuta già...
Fatte fà 'a fò'...
fatte fà 'a fò'...
fatte fotografà!

---

1. Da quando.
2. Dici di non averlo e di non potermelo dare.
3. Ma io ho il sistema pronto per fartene uno.

Dipingere è qui solo un pretesto per azzardare delle avances. L'aspirante pittore, del resto, confessa immediatamente di non saper dipingere. Dalla donna che lui vuole far posare come modella, in realtà vuole ben altro.

FATTE PITTÀ[1]
(Pisano – Cioffi)

Io nun saccio pittà, io nun saccio pitta'
si sapesse pitta' te pittasse bella-be bella-be.
Jamme[2] fatte pitta', jamme fatte pitta'
jamme fatte pitta', te ricesse bella-be bella-be.
Tu te mettisse in posa da modella
io te facisse 'o schizzo 'e l'acquarello
si po' 'o vulisse a olio se po' fà, io te facesse a olio 'llà pe' 'llà[3].
E te pittasse 'a pelle, bella-be
e te pittasse 'e spalle, bella-be
quanne arrivasse 'o bello, bella-be
so' sicuro che mi diresti: «Che pennello! Che pennello!
Ma è il pennello di Raffaello o è il pennello che tieni tu?»
E pittanno pittanno ricisse che bello 'o penniello che tieni Ciccì'
E pittanno, pittanno, pittanno, pittanno, pittanno vulisse murì.
Io nun saccio pitta', io nun saccio pitta',
si sapesse pitta' te pittasse bella-be bella-be.
E col verde e il marrò, col gialletto e col blu
'nu quadretto campestre facesse bella-be bella-be.
Ti vedo campagnola in mezzo all'orto
e 'a sotto tiene la natura morta, 'nu mazzo 'e pummarola[4]
a parte 'e ccà[5] e 'n ato e rafanielle[6] a parte 'e 'llà[7].
E te pittasse 'a pelle bella-be
e te pittasse 'e spalle bella-be
quanne arrivasse 'o bello bella-be

so' sicuro che mi diresti: «Che pennello! Che pennello!
Ma è il pennello di Raffaello o è il pennello che tieni tu?»
E pittanno pittanno ricisse che bello 'o penniello che tieni Ciccì'.
E pittanno, pittanno, pittanno, pittanno, pittanno vulisse murì.
E pittanno pittanno ricisse che bello 'o penniello che tiene Ciccì'
E pittanno, pittanno, pittanno, pittanno pittanno vulisse murì'.
E pittanno pittanno ricisse che bello 'o penniello che tiene Ciccì'
E pittanno, pittanno, pittanno, pittanno, pittanno vulisse murì.
E pittanno pittanno ricisse che bello 'o penniello che tiene Ciccì'
E pittanno, pittanno, pittanno, pittanno pittanno vulisse murì.

1. Ritrarre, dipingere.
2. Andiamo.
3. Subito.
4. Pomodori.
5. Da questo lato.
6. Ravanelli.
7. Da quel lato.

Siamo qui di fronte a un sedicente musicista, un improbabile suonatore di flauto. In realtà mena vanto in ogni maniera delle sue doti di amatore. Però, alla fine è costretto a confessare che ogni tanto anche a lui esce una nota stonata.

IL FLAUTO DI PELLICO
(Vivenzio – Valente)

I

Io so' maestro 'e flauto!
Da tutti conosciuto,
Mi chiamo Antonio Pellico...
Chi è che non mi sa?

In tutte le Accademie
Io stongo sempe mmiezo,
e se ci manca Pellico
non si può figurà[1].

Io sono *Un ballo in maschera,*
'A Norma, 'O trovatore,
Cinche, sei piezze 'e seguito[2]
Senza m'arrepusa"[3].

'Stu flauto mio è ll'unico,
tanto che 'nce sta 'o detto:
«Sulo 'o strumento 'e Pellico
Ve po' fa divertì».

II

Or tutti quei che suonano,
sònano 'è pressa 'e pressa[4]:
ma il bello è un suono flebile
e andar così così.

Se stai sul palcoscenico
Faie 'na sunata 'e chesta[5],
chi tien' sotto... a senterti,
potrebbe anche svenì!

E questo qui successemi
Stando a suna' in Lucerna:
'na signurina svenne
E 'a tela si calò!

Pe' chi sta malinconico,
o pur per chi è ammalato,
sulo 'o strumento 'e Pellico
'o po' ffa' ripiglià[6].

III
Aggio girato l'estero,
so' stato in Bulgaria
e 'o suoccio[7] 'e chisto, è inutile,
non si può mai truvà!

E pure spesso capita
Ca nun arriva… 'a voce;
alcune note sfiatano
e mi fa sfigurà.
E vvote per esempio
Io voglio caccia' o' *mi*,
e m'esce *la*! Al contrario:
invece 'e *la* fa *re*!

Però è sempre 'o primario;
nun v'è altro strumento;
sultanto 'o flauto 'e Pellico
ve po' fa' cunzulà[8].

---

1. Apparire.
2. Cinque, sei pezzi di fila.
3. Senza riposare.
4. In fretta in fretta.
5. Di queste.
6. Rinvenire.
7. Uno uguale.
8. Sollazzare.

Il più mondano dei frati si ritrova prima a «chiacchierare» con la nipote del priore, poi a teorizzare sul diritto di tutti a spassarsela, infine anche a immaginare i suoi futuri figli, ai quali insegnare che ci si deve divertire in Terra, perché l'Aldilà… non esiste!!!

FRA' BRASCIOLA
(Califano)

I me chiamme Don Luca Scarola,
nativo di Nola:
ma me chiammane 'o Frate
Brasciola…
O' Frate Brasciola!
N'aggio fatto benerizione
Cu chistu curdone.
Magno, vevo[1], passeo, spasseggio[2],
joco[3], fummo e amureggio!

L'autu munno 'nce sta?[4]
Cchiù, cchiù, cchià…
Belle chiacchiere, o ssa[5],
tutt'avimma sfucà[6].

'O priore è 'na maneca 'e cato[7],
'nu turzo munnato[8]…
tene 'e lire[9] e 'na scarola 'e
nepota[10],
ch' 'a capa l'avota[11].

Quanta vute[12] aggiu fatte 'int'[13] 'a
cella
Pe' 'st'angiulella[14]
Tiene e tiene[15], 'nu juorno
sferraie[16],
e accussì le parlaie:

L'autu munno addò[17] sta?
Cchiù, cchiù, cchià…
Belle chiacchiere, o ssà,
tutt'avimma sfucà!

D' 'o[18] cummento p' 'o scandalo
dato,
me n'hanno cacciato.
«Fra Brasciò'», 'o priore m'ha
ditto,
«o t' 'a spuse o sì fritto!»

Vi' che sciorta me steva astipata[19]
Pe' 'na chiacchiarata!
Mo m' 'a sposo e istruisco la prole
Cu chesti pparole: L'autu munno
'un ce sta[20].
Cchiù, cchiù, cchià...
Oj bell' 'e papà,
tutt'avimma sfucà!

---

1. Bevo.
2. Passeggio e ripasseggio.
3. Gioco.
4. L'altro mondo esiste?
5. Lo sai.
6. Tutti dobbiamo dare sfogo [ai bisogni].
7. Manico semicircolare del secchio.
8. Un torso sbucciato [nel senso di babbeo].
9. Possiede denaro.
10. Una nipote dai capelli ricci.
11. Che gli fa girare la testa.
12. Voti.
13. Dentro.
14. Per questa figura angelica.
15. A furia di trattenere.
16. Mi liberai [sferra' voleva letteralmente dire: togliere i ferri dagli zoccoli degli animali].
17. Dove.
18. Dal.
19. Guarda che malasorte doveva toccarmi.
20. L'altro mondo non esiste.

Elogio zuccheroso e coloratissimo alla bellezza di lei, che è dolce come le migliori creazioni della pasticceria napoletana. E lo è perché non mangia come i comuni mortali: non si nutre di verdure, legumi o pesce, ma dei fiori di giardino che le danno un alito fresco al sapor di fragola.

FRAVULA[1] FRA'
(Pisano – Cioffi)

I

Sciù[2]
Zuppetta, cassata,
panettone 'e Motta,
crema ammantecata[3].
Sciusciù
Pacchetto 'e caramelle,
cazzotto[4] 'e ciucculata,
cartoccio 'e sfogliatelle[5].
Cristoforo Colombo
Nun è niente affronte a me,
isso[6] scuprette 'America
io aggio scuperto a te.

No… tu non mangi broccoli,
fagioli o baccalà.
Tu mangiarraie cardenie,
giacinte o resedà[7]:
pecché quanno respire
e io te sto vicino,
sento 'n addore 'e fresie,
'n addore 'e giesummie.
E ttiene 'a vocca[8] 'e fravula
ca me fa suspirà.
Fravula fresca…
Fravula fra'.

II

Ah!
Pappona[9], sciasciona[10],
bambola di Lenci[11]…
Tu quanto si bbona!
Ah! Ah!
Chiammateme 'e pumpiere,
se sta appicciannο[12] 'o core,
me pare 'nu braciere.
Chi disse: e pur si muove!
Galilei? E sai perché?
Perché forse in quell'epoca
Già immaginava a tte.

No… tu non mangi broccoli,
fagioli o baccalà.

Tu mangiarraie cardenie,
giacinte o resedà:
pecché quanno respire
e io te sto vicino,
sento 'n addore 'e fresie,
'n addore 'e giesummie.
E ttiene 'a vocca 'e fravula
ca me fa suspirà.
Fravula fresca...
Fravula fra'.

No... tu non mangi asparagi,
legumi e baccalà...
tu mangie scelle[13] d'angeli
giacinte e resedà
pecché quanno respire
e io te sto vicino,
sento 'n addore 'e fresie,
'n addore 'e giesummie.
E ttiene 'a vocca 'e fravula
ca me fa suspira'.
Fravula fresca...
Fravula fra'.

So' d' 'o ciardino 'e fravule
So' d' 'o ciardino 'e fravule
Fravula fresca...
Fravula fra'.

---

1. Fragola.
2. Dolce ripieno.
3. Al burro.
4. Confezione di forma cilindrica, praticamente fallica.
5. Tipici dolci napoletani.
6. Lui.
7. Reseda [pianta medicinale].
8. Bocca.
9. Donna formosa.
10. Donna giunonica e simpatica.
11. Bambole prodotte da una celebre ditta torinese fondata agli inizi del Novecento.
12. Infiammando.
13. Ali.

Un grande scrittore e il vincitore di un Oscar per la musica si cimentano nel genere della filastrocca, che qui è zeppa di assonanze e di giochi fonetici. Il protagonista perde in Perù la sua Gasparì, ma la ritrova grazie anche alla magia e i due tornano felici a Parigi.

GASPARÌ

(Cerami – Piovani)

Nel Perù nel Perù nel Perù
Io cercavo notte e dì Gasparì Gasparì,
quell'amor nato a Paris a Paris a Paris
che in Perù però perì.

E piangendo in questi giorni mesti e grigi
Io rivivo quel bel sogno di Parigi
Fra bistrot Pierrot Pernod Peugeot Renault e cieli bigi
Ripensando a quando lei apparì a Paris.
Ho tentato sortilegi sotterfugi e suffumigi
Ma a tutt'oggi penso solo a Gasparì.

A Paris a Paris a Paris
Gasparina m'apparì m'apparì m'apparì.
Era bella Gasparì Gasparì Gasparì!
Ed il cuore mi rapì a Paris Gasparì!

Ma però mi trovai nel Perù
A elemosinar così, Gasparì Gasparì,
quell'amor nato a Paris a Paris a Paris
che in Perù però perì.

Ma però ma però ma però
Una maga del Perù del Perù del Perù
Molto esperta nel woo-doo nel woo-doo nel woo-doo
Mi predisse: «Tornerà Gasparì tornerà».

Il mio cuor ci sperò sospirò
Balbettò e s'impaperò
Confidando nel woo-doo
Della maga del Perù!

Nel Perù nel Perù nel Perù
Gasparina riapparì riapparì riapparì
Fra i miei baci riparò riparò riparò
Ripudiando il suo parà.

«E il parà?»

Si sparò.

Sottobraccio a Gasparì Gasparì Gasparì
Io me ne tornai a Paris a Paris a Paris
E vi giuro nel Perù nel Perù nel Perù
Non ci tornerò mai più!

Personaggio patetico, chiaramente ispirato al celebre film Johnny Guitar. *Giuvanne si muove tra i vicoli del centro cantando serenate in cambio di poche lire. Una sera è costretto a far la serenata per conto di un altro alla donna che lui stesso aveva amato. E si ricorda di una ben diversa accoglienza.*

GIUVANNE CU 'A CHITARRA

(Oliviero – Canzio)

I

'A sera, 'ncopp' 'e viche[1],
cu 'a chitarra, scenne pe' Tulèto[2]...
Tene 'a cravatta gialla
e 'na giacchetta cu 'a spaccata arreto[3]...
'E scarpe a varchetella[4]
e 'nu cazone fatto a zompafuosso[5]...
e chi s'avota[6] 'a ccà...
e chi s'avota 'a llà...
guardànnolo 'e passà...

'O chiàmmano Giuvanne cu 'a chitarra...
pecché sape cantà tutt' 'e ccanzone.
È stato 'nnammurato 'e 'na figliola[7]
che ll'ha lassato miezo scumbinato[8]...
E porta 'e sserenate a 'e 'nnammurate:
pe' ciento lire canta «Anema e core»,
pe' cincuciento fa ll'americano:
s'arrangia a 'mpapucchià[9] «Johnny Guitar»...
'O chiàmmano Giuvanne cu 'a chitarra...
e pare 'o pazzariello[10] d' 'e ccanzone!

II

'Na sera fuje chiammato,
pe' 'na festa, sott'a 'nu balcone
ô vico Scassacocchi[11]...
Primmo piano, 'ncopp'a 'nu lampione:
'a mana lle tremmaje
'sta serenata jéva[12] a Margarita...
cu 'sta chitarra ccà,

tu mo che cante a fà?
pe' chi se vò' spassà?

'O chiàmmano Giuvanne cu 'a
chitarra...
pecché sape canta' tutt' 'e
ccanzone.
'A cumitiva allèra e ll'emozione
'o fa canta', chiagnenno «Core
'ngrato»...
Pe' chistu pretendente
ammartenato[13]
mo cade 'nu biglietto
appassiunato...
e s'arricorda, quanno da 'o
balcone,
cadevano cucozze[14] e 'nfamità...
E canta po' Giuvanne cu 'a
chitarra
cu 'a vocca[15] amara e cu 'na funa
'nganna[16]...

Finalino:
'Na sera pe' Tuleto
n'ombra scura saglie[17] 'a copp' 'e
viche...
Giuvà' che ce vuò' fà?
'a vita è chesta ccà:
cucozze e 'nfamità!

---

1. Sopra i vicoli.
2. Via Toledo, strada del centro di Napoli.
3. Con lo spacco dietro.
4. Barchetta.
5. Pantaloni che cadono in modo sciatto fino alla caviglia.
6. Si gira.
7. Fanciulla.
8. L'ha lasciato mezzo rovinato.
9. Pasticciare [dalla papocchia, che è la pappa molliccia].
10. Figura del folklore napoletano.
11. Vicolo accanto a Spaccanapoli, nel cuore della città [qui sono ambientate *Napoli Milionaria* di Eduardo De Filippo e *La sceneggiata* di Troisi, Arena e De Caro].
12. Andava.
13. Spavaldo come un guappo.
14. Zucche.
15. Bocca.
16. Una corda al collo.
17. Sale.

Un uomo sbrigativo e manesco non sa digerire l'addio della sua donna. E allora, in nome dell'amore e dei tanti regali fatti alla ex, la ricopre di insulti e terribili minacce.

L'INNAMORATO PAZZO

(Mazzucchi – Valente)

Da secoli e bisecoli, è risaputo già
O bionda o bruna, in genere, la donna che te fa
Se piglia sorde[1], lacreme, ti pianta e se ne va.
E proprio a me 'stu fatto è capitato
Ma si 'a 'ncoccio[2] l'ho giurato
Che la devo intossicà[3]… intossicà
Dico già che mi hai lasciato
Dammi quello che ti ho dato
Mi fo dare la vestina, 'e cazette[4], 'a mutandina
L'ombrellino, la borsetta, 'o servizio p' 'a tuletta[5]
'A cullana cu ll'aniello e 'o pennacchio d' 'o cappiello.

Ho visitato l'estero, girato ogni città
So' tutte uguali 'e femmene persin nell'Indostà
Ma chesta grande zotica[6] nun me l'aveva fà
Vedete un po' che tipo di sfrontata
Ma si a 'ncoccio 'nsieme 'a 'n ato[7]
Chi ma leva[8] 'a sotto a me… a sotto a me
Mi avvicino piano piano e l'afferr'a 'recchia 'mmano
Tanno 'a lasso quanno 'a recchia l'addeventa 'na pellecchia[9]
Se l'amico si risente, io senz'armi e senza niente
Dint' 'e mane io 'o struppeo[10], essa strilla e io m'arrecreo[11].

Pescarla adesso è facile già saccio addò sa fà[12]
O juorno va a cinema, 'a sera và a ballà
In queste sale pubbliche per farsi corteggià
Vedete un po' che tipo di sfrontata, ma si ha 'ncoccio
'na ballata 'nsieme a me se l'adda fa'[13]... se l'adda fà
L'aggia dà mazzate 'e morte[14], l'adderizzo 'e cosce storte[15],
Dalla testa sua di zucca l'aggia togliere 'a parrucca
E si parla e fa a chiazzera[16], l'aggia fa zumpa[17] 'a dentiera,
Dopo fatta a guapparia[18] me ne vado in trattoria.

Là mi assetto[19] calmo e bello, e mi faccio un vermicello,
quattro triglie un peperone, 'na mullica 'e pruvulone
'na frittata 'nu sasiccio, quacche panzarotto[20] 'e spicce
Io mi faccio un altro tanto e a essa 'a mando al camposanto,
Io mi faccio un altro tanto e a essa 'a mando al camposanto.

---

1. Ti sottrae soldi.
2. Se la incrocio.
3. Rovinare l'umore.
4. Le calze.
5. Toilette.
6. Un po' il femminile di zotico, un po' un eufemismo.
7. Un altro.
8. Toglie.
9. La lascio solo quando l'orecchio le si irrita tutto.
10. Con le mani lo ferisco.
11. Lei strilla e io me la godo.
12. Conosco i luoghi che frequenta.
13. La costringerò a farla.
14. La picchierò a sangue.
15. Raddrizzo le sue gambe storte.
16. Donnaccia.
17. Saltar via.
18. Atto di prepotenza.
19. Mi accomodo.
20. Rustico fritto con le patate.

L'insostenibile situazione di un fidanzato costretto, tutte le volte in cui è con la fidanzata, a dover sopportare la presenza asfissiante della mamma di lei. Anche quando la donna è costretta a letto dalla febbre, affibbia alla coppia la sorellina della ragazza. Ma è l'intera famiglia a ossessionare lui, che chiude la canzone con un lungo urlo di ribellione e di liberazione.

IO, MAMMETA E TU
(Pazzaglia – Modugno)

Ti avevo detto, dal primo appuntamento,
'e nun purtà nisciuno appriesso a te...[1]
Invece mo 'nu frato[2],
'na sora[3], 'na nepote...
sola nun staje 'na vota:
ascimmo sempre a tre!
E mi hai promesso: «Domani chi lo sa...
vengo io soltanto... soltanto con mammà!...»

Io, màmmeta e tu...
passiammo pe' Tuledo[4],
nuje annanze[5] e màmmeta arreto...
Io màmmeta e tu...
Sempe appriesso,
cose 'e pazze:
chesta vène pure ô viaggio 'e nozze...
Jamm'ô cinema, a abballà...
si cercammo 'e ce 'a squaglià,
comm'a 'nu carabiniere
chella vène a ce afferrà...

Ah... Ah... Ah...
ma, 'nnammurato,
sò rassignato:
Non reagisco più...
Io, màmmeta e tu!...

Io, màmmeta e tu!...

Ma San Gennaro mmaveva fatto 'a grazia:
ll'ata matina nun ll'ha fatta aizà[6]:
Teneva ll'uocchie 'e freve[7],
pareva ca schiattava[8],
io quase mme credevo
d'ascì sulo cu te...
'Nu filo 'e voce, però, truvaje mammà:
«Da 'a piccerella[9] ve faccio accumpagnà...»

Io, sòreta[10] e tu...
Jamm'ô bar ô Chiatamone[11]:
«Vuò 'o cuppetto o vuò 'o spumone?»
«Chello ca costa 'e cchiù!»
Pe' ricordo 'e 'sta jurnata,
dint' 'a villa, ce hanno fatt' 'a foto...
Vò 'o pallone, vò 'o babbà
nun se fida[12] 'e cammenà...
guardo a essa, guardo 'o mare...
stò penzanno 'e ce 'a menà...[13]

Ah... Ah... Ah...
ma, 'nnammurato,

sò' rassignato...
non regisco più...
Io, sòreta e tu!...

Io, sòreta e tu!...

Ammore mio, staje sempe cu 'e pariente...
chesta famiglia mme pare 'na tribù...
Arrivano 'a Milano,
arrivano 'a ll'Oriente...
e tutta chesta gente
sta sempe attuorno a me...
'Na vecchia zia ca steva a Cefalù,
venuta ccà, nun se n'è ghiuta cchiù.[14]
Io, zìeta[15] e tu...
poverina, è sofferente,
ogne tanto, 'nu svenimento...
io, zìeta e tu...
Ll'uovo frisco, 'a muzzarella,
cammenammo sulo in carrozzella...
Stò pavanno[16] 'a ccà e 'a llà...
'E denare chi mm' 'e ddà?!
O te lasso o, fra 'nu mese,
stò cercanno 'a carità!...

Ah... Ah... Ah...
tu mm'hê 'nguajato...
mme sposo a n'ata,
nun ve veco cchiù...

Màmmeta, sòreta e tu...
pàteto, fràteto e tu...
nònneta, zìeta e tu...

pàteto, fràteto, nònneta,
sòreta, sòreta, zìeta,
zìeta, pàteto, pàteto,
fràteto, fràteto, nònneta...
nònneta, pàteto... 'o cane...

...Scusate giuvinò[17], io sò 'a bisnonna...
sò turnata proprio mo da 'o 'spitale...

Aaaaaaahhhhhh!!!!!

---

1. Non portare nessuno con te.
2. Un fratello.
3. Una sorella.
4. Passeggiamo per via Toledo [via del centro di Napoli].
5. Avanti.
6. Alzare.
7. Occhi da febbricitante.
8. Moriva.
9. Bambina.
10. Tua sorella.
11. Via Chiatamone [strada vicina al lungomare napoletano].
12. Non se la sente.
13. Di buttarla.
14. Non se n'è andata più.
15. Tua zia.
16. Pagando.
17. Giovanotto.

Un medico descrive alcuni casi dei quali ha «dovuto» occuparsi.
Ma la realtà è un'altra, e nasconde il suo piacere di offrirsi.

LAUREATO IN MEDICINA

(Mauro – Marsiglia)

La prima volta che l'ho preso in cura
Nessuno mi ha costretto
Embè lo ammetto
Stavo sull'autobus che va a Toledo[1]
E all'improvviso po', m' 'o trovo arreto[2]
Che pena, mi son detto, poveretto
Sicco[3] cu ll'uocchie 'a fore[4] 'a fà paura
E chisto pe' forza ll'aggi'a piglia'[5] in cura
E in cura l'ho tenuto 'nu mesetto.

Un'altra volta che l'ho preso in cura
Stavo tornando da' villeggiatura
E nun m' 'o trovo annante[6] 'a porta 'o scuro
Ca se deve 'è capate 'nfaccia 'o muro[7]
Lo guardo e penso: è un caso disperato
Ll'aggi'a studià con molta più attenzione
Arapo[8] 'a porta chiudo 'a serratura
E m' 'o ripiglio 'nata vota in cura.

La terza volta che l'ho preso in cura
Camminavo così distrattamente
Tutt' a 'nu tratto
Sento 'e strilla d' 'a ggente

Currite, s'è spugliato, è asciuto 'e mente[9]
Lo guardo e penso: è un caso disperato
Devo studiarne a fondo la natura
E l'unico rimedio più sicuro
E' ca m' 'o tengo sempre fisso in cura!

---

1. Via del centro di Napoli.
2. Dietro.
3. Magro.
4. Con gli occhi di fuori.
5. Devo prenderlo.
6. Davanti.
7. Testate contro il muro.
8. Apro.
9. È impazzito.

Lei lo lascia insultandolo con una lettera, lui si vendica trascorrendo serate lieti con bionde e more nei locali della città. Ma la sua vendetta non porta risultati.

L'HAI VOLUTO TU

Si me vide e suspirà
che te po 'mpurtà
Non sospiro mai per te
Penso solo a me
M'hai mandato un bel biglietto
Nel biglietto c'era scritto
Io me so' scucciato 'e te
E allora con la bionda e con la
  nera
Ogni sera ogni sera
me ne vado a passeggià
alla faccia tua… alla faccia tua…

Mi dicevi: gué Nicò
non ti lascerò
Tutte 'nzieme, neh e ched'è?
tu te stufe 'e me?!...
e mi mandi il mio ritratto,
dietro al quale trovo scritto:
Arò vaie?[1] *Bruttu brù*
  non ti far vedere più!

E allora,
  Con la bionda e con la nera
  ogni sera... ogni sera,
  me ne vado al cinemà;
Alla faccia tua... Alla faccia tua.
  Con la bionda e con la nera
  me ne vado al cinemé.
Embè... Embè…
  l'hai voluto te.
Essì… Essì,
  t'aggia fa murì!
Sì!

Te venevo a piglià a tte
sempe verso'e ttre.
te purtava a divertì
tutt' 'e giovedì.

Ti compravo le cerase[2],
'nu bicchiere di Telese[3]...

E me lasse[4], neh pecché?
pe' nat' 'ommo comm'a me[5]!

E allora, con la bionda e con la
nera
ogni sera... ogni sera...
me ne vado al Tabarin.
Alla faccia tua... Alla faccia tua...
Con la bionda e con la nera
me ne vado al Tabarin.
Embè... Embè..
L'hai voluto te.
Essì... Essì...
T'aggia fa murì!

1. Dove vai?
2. Ciliegie.
3. Vino campano.
4. Mi lasci.
5. Per un altro uomo come me.

Il pezzo forte della famosa Lina Cavalieri, una delle sciantose più ammirate della sua epoca. La canzone è il racconto della napoletanissima Concetta, che francesizza il suo nome in Lily Kangy e conquista le pedane dei Cafè Chantant.

LILY KANGY
(Capurro – Gambardella)

I

Mo nun sò' cchiù Cuncetta,
ma sò' Lily Kangy,
sciantosa[1] prediletta,
avite voglia 'e dì!

Quanno mme ribbuttaje[2],
e chi v' 'o ppò cuntà[3]?
'A gente mme menaje[4]
mazzette 'nquantità[5]...

Chi mme piglia pe' Frangesa[6],
chi mme piglia pe' Spagnola,
ma sò' nata ô Conte 'e Mola[7],
metto 'a coppa a chi vogl'i'[8]...

Caro Bebé,
che guarde a fà?
io quanno veco a te
mme sento disturbà[9]!

II

Tre sòre piccerelle[10],
vènono appriesso a me...
e fanno 'e stelletelle[11]
pe' dint'a sti cafè[12]...

Ma i' sòngo 'a vera stella
d'ogne cafè sciantà:
sulo cu 'na resélla[13],
ve faccio cunzulà[14]!

Chi mme piglia pe' Frangesa,
chi mme piglia pe' Spagnola,
ma sò' nata ô Conte 'e Mola,
metto 'a coppa a chi vogl'i'...

Caro Bebé,
che guarde a fà?
io quanno veco a te
mme sento disturbà!

III

A 'e vvote, 'ncopp' 'o foglio[15],
sento parlà 'e Lily...
Io leggo, ma mme 'mbroglio[16]:
che vuò' arrivà a capì[17]?

Ma chesto nun mme 'mporta:
s'ha da sapé abballà[18]...
Basta ca 'a veste è corta,
tutto se pò aggiustà!

Chi mme piglia pe' Frangesa,
chi mme piglia pe' Spagnola,
ma sò' nata ô Conte 'e Mola,
metto 'a coppa a chi vogl'i'...

Caro Bebé,
che guarde a fà?
io quanno veco a te
mme sento disturbà!

1. Cantante da Cafè Chantant e donna capace di sedurre [dal francese *chanteuse*].
2. Debuttai.
3. Chi ve lo può raccontare?
4. Lanciò.
5. Una gran quantità di mance.
6. C'è chi crede che io sia francese.
7. Gradini Conte di Mola, alle spalle di Piazzetta Augusteo, al centro di Napoli.
8. Posso battere chi voglio.
9. Mi sento male.
10. Le mie tre sorelle minori.
11. Fanno le stelline.
12. In questi Cafè [Chantant].
13. Risatina.
14. Vi seduco.
15. A volte sul giornale.
16. Mi confondo.
17. Cosa mai posso capire?
18. Conta saper ballare.

Un padre canta la sua ambigua e interessata attenzione nei confronti della figlia diventata una stellina del Cafè Chantant. S'illude di tener tutto sotto il proprio controllo: e cerca per lei il successo e un partito danaroso.

IL MADRO
(Ferdinando Russo)

I
E sì! Mo avrebbe fatto 'a riuscita
che ha fatto in arta, 'a piccerella mia!
Adesso è l'«etualla[1] Carmencita»,
perché? Perché l'ho fatta sempe 'a spia![2]
    Comme se dice? L'occhio del padrone
    'ngrascia il cavallo! 'A pettola[3] 'nce vo'!
    Sott' 'a pettola mia, 'nce sta 'o cignone[4]!
    Se fa bisogno[5], 'o caccio[6] pure mo!

II
Chella 'a figliola è bella! E' carne 'e chella,
vuie 'e sapite... sono uno sblennore[7]!
Quanno fa 'a mossa[8] pe' tira' 'a vunnella[9],
quella fa specie[10] a più de 'nu signore!
    Se voi fate acqua a' pippa[11], me rincresce!
    Nun ve ricevo! Figlieme nun ce sta!
    Neh, comme? Io vaco in piazza, a compra' 'o pesce,
    e m' 'o cumbino[12] primma 'e l'addurà[13]?

III
E già! Mo 'na racazza, 'na sciantosa[14],
se mette 'mmano a 'nu disperatiello!

Accussì s'abbarruca[15] tutte cosa,
e facciamo 'a caiola[16] con l'uccello!
Addò?[17] Sempe ch'è uccello: prima d'essa
Si tene 'e penne l'aggia[18] vedé' i'!
L'aggia spicceca'[19] io 'sta pettenessa[20]!
«Figlieta nun va annanze[21]?» E addò vo' i'[22]?

IV

Ma se voi, primma d'arriva' 'o palazzo
Mandate i fiori per il guardaporta[23],
quann'io veco l'astuccio dentr' 'o mazzo,
sceto[24] a mia figlia e corro 'mmocc' 'a porta[25]!
Mia figlia s'alza, prende 'o asciugamano,
se lava 'a faccia e ghiesce là per là!
Vo' di' ch'uno quaccosa 'o tene mmano![26]
E sape a chi riceve! Eccoci qua!

---

1. Etoile [termine francese che indica la prima ballerina].
2. L'ho tenuta sotto controllo!
3. Parte bassa terminale della camicia.
4. Staffile, grossa cinghia.
5. Se è necessario.
6. Lo tiro fuori.
7. Splendore.
8. Gesto.
9. Gonnella.
10. Emoziona.
11. Non avete particolare valore.
12. Lo acquisto.
13. Odorarlo.
14. Cantante da Cafè Chantant molto attraente [dal francese *chanteuse*].
15. Si barrica, si chiude.
16. La gabbia.
17. Dove?
18. Le devo.
19. Sciogliere.
20. Pettine.
21. Avanti.
22. Dove vuole andare.
23. Custode.
24. Sveglio.
25. Sull'uscio.
26. Qualcosa l'abbiamo ottenuta!

Il protagonista si sente pazzo e si comporta da pazzo, naturalmente a causa di una donna. Pensa anche al suicidio, che poi esclude. Ma la parola «pazzo» nasconde un esilarante doppio senso, soprattutto quando l'uomo riflette sulla sua follia, diventata evidente anche sui tratti del volto: 'a faccia d' o' pazzo. *Per questo vuole curarsi? O perché qualcos'altro «pesa» sulla sua relazione con lei?*

M'AGGIA CURÀ[1]

(Pisano – Cioffi)

Mm'aggia curà... Mm'aggia
curà
'Mmiez'a 'sta capa[2],
'na cosa pesante pesante mme
sento...
Mi fermo qua... mi fermo là...
E a squarciagola
mi metto a contare
da uno a trecento!...

È pazzo 'o 'ì![3]...
È pazzo 'o 'ì!...

'A ggente dice: fuite, fuì![4]...

Il viso del folle,
l'ho fatto per te.
Il grugno del pazzo,
lo tengo per te...
Ho venduto trecento carrozze,
ho venduto trecento palazzi...
'A faccia d' 'o pazzo...
l'ho fatta per te!

Comme mme pesa 'sta capa, neh!
Comme mme pesa 'sta capa, neh!

Aìza![5]
Ched' è?[6]
Aìza!
Ched' è?

'A capa mme pesa, gué!

Mm'aggia curà... Mmaggi'a curà!
Oggi il dottore
Mi ha detto: «Mio caro, vuje state
'nguajato!
Guardate qua... toccate qua...»

E aret'[7] 'a capa,
'na specie 'e 'na palla
'e tennis ha truvato...

È tosta 'a 'ì!...
È tosta 'a 'ì!...

Ah, comm'è tosta 'sta palla 'e
tennì!...

Il viso del folle,
l'ho fatto per te.
'A capa cu 'a palla
'a tengo per te!
Ho venduto tre quadri e uno
schizzo,
quattro penne di struzzo e un
arazzo...
'A faccia d' 'o pazzo...
l'ho fatta per te!

Comme mme pesa 'sta capa, neh!
Comme mme pesa 'sta capa, neh!

Mm'aggia curà... Mmaggi'a curà!
Ih, che mm'hê fatto
o donna perversa, bugiarda e
spergiura!...
Che pòzzo fà?... Che pòzzo fà?
Se mi suicido,
vedendomi morto,
mme metto paura!

Mm'aggia sparà!
- Nun te sparà!... –

'A ggente dice che è meglio a
campà.

Il viso del folle,
l'ho fatto per te.
Allora mo campo...
Ch'è meglio pe' mme!
Mo mme magno 'na sarda e 'na
pizza,
'na scamorza e 'na capa 'e
merluzzo:
'O pranzo d' 'o pazzo...
lo faccio per te!

Comme mme pesa 'sta capa, neh!
Comme mme pesa 'sta capa, neh!

Finale
Ched' è?!... Ched' è?!...
'sta capa, 'sta capa, 'sta capa
mme pesa a me!...

---

1. Devo curarmi.
2. In mezzo alla testa.
3. Lo vedi!
4. Scappate, scappate.
5. Alzati.
6. Che c'è?
7. Dietro.

Le disavventure professionali di una donna, alle prese con clienti diversi, quasi tutti sfrontati molestatori.

LA MANICURISTA
(Vittorio Marsiglia)

Io faccio 'a manicure per mangiare
Son maritata e devo lavorare,
ma dato il mio mestiere stongo esposta
e qualche volta m'aggia[1] tene' 'a posta.

Ce sta 'nu vicchiariello[2],
il Duca di Peluscio,
me dà 'nu dito 'nmano
'nu dito muscio muscio...
Po' tremma tutto quanto
- Signo', ma cosa fate?
Fermateve cu 'a mana...
- Sto troppo emozionato! –

- Io debbo lavorare, 'ntustatelo[3] stu dito! –
Dice: «Non è possibile... mi sono indebolito».

Questa è la vita triste
della manicurista,
te capita uno 'e chisto
e te l' 'e[4] suppurtà.
Fra lo smalto e le limette,
l'acqua calda e l'acetone
ci sta il vecchio sporcaccione
ca te vene a 'ntussecà[5].

Mannaggia 'a morte... quando la sorte
te chiude 'è pporte... che 'nce vuo' fà?
Pe' mezzo d' 'a miseria... a forza aggia lavorà.

Le donne invece sono un'altra cosa
Vene a cocotte sempre un po' nervosa,
la sentimentalona guarda e sogna,
e 'a signurina ca lle manca n'ogna[6].

Oggi 'nu provinciale
mi dice con ardore:
- Giacché tu cure 'è mmane,
curami pure il cuore! -
Po' caccia mille lire e
Dice: «Sono tue!
Perché non facciamo
qualcosa tutt'e due?»
- Signo', vui site scemo? -
- So' pazzo, pe' te moro[7] -
Piglia, e me dà 'nu vaso[8] cu 'è palle 'e ll'uocchie 'a fore[9].

Questa è la vita triste
della manicurista,
te capita uno 'e chisto
e te l' 'e suppurta'.

Mannaggia 'a morte... quando la sorte
te chiude 'è pporte... che 'nce vuo' fà?
Pe' mezzo d' 'a miseria... a forza aggia lavorà.

Ieri mi è capitato uno studente,
un tipo buffo cu 'a barbetta e 'e llente[10]...
s'assetta[11], dopo avermi sospirato...

- Ched'è, neh signuri', state malato? -

Isso[12] me guarda e rride
s'accosta cchiù vicino
e 'mpizza[13] ll'ata mano
pe' sotto 'o tavulino.
Io che capette[14] 'o fatto
Stennette[15] io pure 'a mano
sento 'na cosa strana...
chell'era 'na banana.

Dice: «Te la regalo pel tuo visino gaio!»
E m' 'a vuo' dà pe' sotto?
Puozzo passa'[16] 'nu guaio.
Questa è la vita triste
della manicurista,
te capita uno 'e chisto
e te l' 'e suppurtà.

---

1. Devo.
2. Vecchietto.
3. Induritelo.
4. Lo devi.
5. Procurare fastidio.
6. Unghia.
7. Muoio.
8. Bacio.
9. Con le palle degli occhi di fuori.
10. Gli occhiali.
11. Si siede.
12. Lui.
13. Infila.
14. Capii.
15. Stesi.
16. Possa capitarti.

La canzone si regge interamente su un vecchio espediente comico del teatro: la sordità della moglie che comprende sempre in modo sbagliato, e ovviamente esilarante, quel che le viene detto. Gli equivoci sono continui, quasi tutti osé, e sono causa della disperazione del protagonista.

MA VE PARE, VE PARE, VE PA'

(Pisano – Cioffi)

Tengo 'na moglie bella,
ve giuro bella assaje...
ma aggio passato 'o guajo:
è sorda!... e ch'aggi' 'a fà?!
Io grido, parlo forte,
ma chella nun mme sente
e nun capisce niente...
mme fa ascì pazzo a me!

Si lle cerco 'na presa 'e cugnacca[1],
ci credete?
Chella 'a piglia pe' mala parola,
ci pensate?!
Se le chiedo una tazza di latte,
chella scenne e mm'accatte 'e
  buatte!...[2]
Si lle dico: «Maria, faccio 'o
  pazzo!...»
Chella piglia e se mette a alluccà:
«Mascalzone, cretino, sporcone...
tu che gesto indecente vuò' fà?!»

Ma ve pare, ve pa'...
ma ve pare, ve pa'...
ma ve pare ca io pòzzo campà?![3]

Cu 'na moglie che è sorda e
  cretina,
io mi sparo alle sette domani
  mattina...

A 'e vvote mi ritiro,
e busso, busso forte...
ma resto for'â porta
mez'ora a tuzzulià...[4]
Io levo 'o campaniello
e, in questa settimana,
ce metto 'na campana!...
si no comm'aggi' 'a fà?!

L'altro giorno parlando di pranzo,
ci credete?
Si decise per pasta e fagioli...
mi capite?
«E va be' – disse lei – sarà fatto...
ma che vuò' pe' secondo piatto?»
Io dicette: «Marì' voglio 'e
ppizze!...»
chella piglia e risponne: «Pasquà',
son tua moglie e tu sei il mio
padrone...»
Mme sorride e mme vène a
abbraccià...

Ma ve pare, ve pa'...
ma ve pare, ve pa'...
ma ve pare ca io pòzzo campà?!...

Cu 'na moglie ch'è sorda e cretina,
io mi sparo alle sette domani
mattina!

P' 'a radio, l'altro giorno,
suonavano ll'Otello...
Essa dicette: «È bella
'sta musica 'e Zazà!...»
Al tempo della guerra,
tutt' 'e bumbardamente,
non ha sentito niente!...
Ah, che felicità!

Se le dico il tuo far non mi garba,
ci credete?
Chella porta 'o penniello p' 'a barba,
ci pensate?!
Si lle dico: «Mi serve un dottore...»
chella scenne e mme chiamma 'o
pittore...
Si le dico: «Marì' voglio 'allésse!..."[5]
Quella scema, cretina, mi dà
una cosa che io non ho chiesto
e pe' forza mme ll'aggi' 'a piglià!...

Ma ve pare, ve pa'...
ma ve pare, ve pa'...
ma ve pare ca io pòzzo campà'?!

Cu 'na moglie che è sorda e cretina,
mi sparo alle sette domani mattina...

Ma ve pare, ve pa'...
ma ve pare, ve pa'...
ma ve pare ca io pòzzo campà'?!

Cu 'sta sorda ca sta sempe attorno,
io mi sparo alle sette domenica al
giorno...

Ma ve pare, ve pa'...
ma ve pare, ve pa'...
ma ve pare ca io pòzzo campà'?!

Cu 'na moglie ca soffre 'e stu male,
io mi sparo alle sette 'a vigilia 'e
  Natale...

Ma ve pare, ve pa'...
ma ve pare, ve pa'...
ma ve pare ca io pòzzo campà'?!

Cu 'na moglie dal timpano duro,
io mi sparo a novembre dell'anno
  venturo...

---

1. Un goccio di cognac.
2. Lei esce e mi compra barattoli.
3. Ma vi pare che posso vivere?
4. Bussare.
5. Carne lessata.

Celebre canzone zeppa di allitterazioni, in cui il protagonista affronta – con l'aria affranta del cornuto – la breve storia vissuta con la moglie fedifraga, e tutte le successive avventure di amori e tradimenti nate dai capricci della donna.

MAZZA, PEZZA E PIZZO
(Pisano – Cioffi)

Carlo Mazza e Rosa Pezza
si sposarono. – Però
il connubio fu infelice,
un inferno diventò.
Lui diceva: Pe' 'sta Pezza
Ho perduto ogni sollazzo.
Lei diceva: Questo Mazza
Che fastidio che mi dà.
Fu così che Rosa Pezza
un bel giorno s'invaghì
d'un amico, un certo Pizzo,
e con lui se ne fuggì.

Pezza e Pizzo senza Mazza
se ne andarono a Milazzo
Ojli – Ojlà
Ojli – Ojlà.
Il tradito Carlo Mazza
sono io. Eh! Eh! Eh! Eh!
Eccomi qua.
Ah! s'incoccio a Rosa Pezza
a Milazzo, 'nzieme a Pizzo...
v'assicuro faccio 'o pazzo,
faccio 'o pazzo... v' 'o dich'i...
Poi vedrete se lo fo,
se lo fo – se lo fo.
Poi vedrete se lo fo,
se lo fo – se lo fo.

Dopo un mese di carezze,
Rosa Pezza cosa fa?
Lascia Pizzo e con ebbrezza
ad un altro il cuore dà.
Questo tale, un certo Cozzi,
possidente di Terlizzi,
s'invaghisce come un pazzo
e la porta via con sé.
E così mentre la Pezza
con un altro se ne va...
lascia Pizzo che singhiozza
per la cruda infedeltà.

Pezza e Cozzi senza Pizzo
se ne andarono ad Arezzo
Ojli – Ojlà
Ojli – Ojlà.

Il tradito Carlo Mazza
sono io. Eh! Eh! Eh! Eh!
Eccomi qua.
Ah! s'incoccio a Rosa Pezza
ad Arezzo, 'nzieme a Cozzi,
v'assicuro faccio 'o pazzo,
faccio 'o pazzo... v' 'o dich'i...
Poi vedrete se lo fo,
se lo fo – se lo fo.
Poi vedrete se lo fo,
se lo fo – se lo fo.

Per un Pizzo e per un Cozzi
quella infame che mi fe'!
Ma c'è adesso Alberto Rizzo
che tradisce tutti e tre.
Pizzo e Cozzi cu' stu Rizzo
s'incontrarono a Varazze,
e per quella ingrata Pezza
una rissa s'ingaggiò.
Quel tal Cozzi disse a Pizzo
non quel Rizzo ucciderò,
e nemmeno a Rosa Pezza,
prendo il treno e me ne vo.
Pizzo e Rizzo senza Cozzi
Si lasciarono a Varazze
Ojli – Ojlà
Ojli – Ojlà.
Il caprone Carlo Mazza
sono io. Eh! Eh! Eh! Eh!
Eccomi qua.
Ora Pezza senza Pizzo,
senza Mazza senza Cozzi,
senza Rizzo sola sola
per il mondo vagherà.
Che rimorsi porterà,
porterà – porterà,
Che la possino ammazzà,
ammazzà – ammazzà.

È il canto stizzito di una donna abbandonata. A Pasquale, il suo ex compagno, scrive una lettera che è in bilico tra la nostalgia e l'astio. Una lettera nella quale è arrabbiata al punto da augurare all'uomo anche la morte, ma intanto ricorda gli istanti in cui si è concessa a lui.

MIO CARISSIMO PASQUALE

(Pisano – Cioffi)

I

Faccia senza culore,
sei bugiardo e traditore...
pe' chesto mm'hê lassato,
'nfamò'![1]

Doppo ca mm'hê vasato[2],
doppo ca t'hê arrubbato,
'e vase 'e chesta vòcca...
'nfamò'!

Pe' chesto, pe' dispietto,
te manno stu biglietto
ca mme ll'ha scritto, a mano,
Don Saverio 'o sacrestano...
sientatéllo, sié':

«Mio carissimo Pasquale,
(virgola e poi da capo,)
t'hann' 'a sparà, pe' scagno[3],
sott'a n'albero 'e cutogne
'o mese 'e giugno...
(punto e poi da capo...)
t'aggi' 'a venì a purtà
grillande 'e sciure[4]
pecché 'o core è sempe core...
pure muorto te voglio amà!
Pascà'...
T'aggio cuntato 'o cunto[5]...
(Punto!)»

II

'Na sera, 'mmiez'ô ggrano,
mme purtaste a mano a mano...
e llà spuntaje 'a luna,
'nfamò'!
Mo sponta 'a luna e 'o sole
cu n'ati ddoje figliole[6]...
t' 'e ttruove a doje a doje
'nfamò'!

Perciò te tengo 'nganna[7]...
pe' chesto mo te manno
stu scritto indisponente...
mo t' 'o leggo 'nu mumento,
sientatéllo, sié':

«Mio carissimo Pasquale,
...

III

'Nu juorno 'e primmavera,
venette allero allero,
e lle dicette: «Siente
'nfamò',

si tu anduvine 'o posto
addò tengo annascosta
'na rosa prelibata,
t' 'a dò'...»

E tu ll'anduvinaste
e 'a rosa te pigliaste...
ma adesso avrai per posta
'sta proposta tosta tosta,
sientatélla, sié':

«Mio carissimo Pasquale,
...

Finale:
Pascà',
t'aggio cuntato 'o cunto...
Punto!
Punto!

Aaah!

1. Infamone.
2. Baciato.
3. Senza volerlo.
4. Ghirlande di fiori.
5. Ti ho raccontato il fatto.
6. Con altre due ragazze.
7. Non ti sopporto.

Un vezzoso modo di portar la barba nasconde il doppio senso – piuttosto esplicito – su cui si regge l'intera canzone.

IL MIO PIZZO

(C. Veneziani)

I

Ditemi un poco voi: come mi regolo?
Con questo pizzo come debbo fare?
Mia moglie certi giorni dice: «Allungalo»,
certi altri giorni: «Fattelo accorciare!»
Mia cugina mi secca col ripetermi:
«Così grosso com'è poco mi garba!»
E la comare osserva, sorridendomi:
«Questo è un pizzo che val più di una barba».

Mia zia consiglia: «Curalo!» Mia suocera
grida: «Mozzalo un po', chi sa che n'esce!»
Papà giura: «'Sto pizzo si fa piccolo!»
Mammà dice: «Gesù, come ti cresce».

II

Mi viene tale un'ira che spessissimo
Farei cose da pazzo e me ne astengo.
Da un barbiere ci andrei, ma penso subito:
«Perché debbo guastarlo? Io questo tengo».
La cosa è grave, sembrerà impossibile,
ma perfino la notte mi sconsola[1],

ed io stesso non so se coricandomi
lo metto fuori o dentro le lenzuola!

Mia moglie si distende, e a volte gongola,
a volte dice che le dà molestia;
dorme e mi fa: «Mettilo fuori, stupido!»
Si sveglia e fa: «Mettilo dentro, bestia».

III

Con questo pizzo io sto arcibenissimo;
lo feci a sfumo e non durò che un mese,
la comare voleva il pizzo svizzero,
la cugina la mosca alla francese!
Mia cugina è mutevole, credetemi,
per certe idee nessuno la raggiunge;
un po' mi dice: «Tieni il pelo morbido!»
un po' trova ch'è duro e che la punge.

Tutti quanti si spassano a lisciarmelo.
C'è chi scherza, o chi tira e mi fa senso.
Sicché un bel giorno me lo taglio e, caspita,
vediamo che mi lisciano in compenso!

---

1. Mi affligge.

Piccola storia di un rapporto fugace, che lui nobilita usando talvolta la lingua inglese e vezzeggiando lei col nomignolo di «Miss».

MISS MIA CARA MISS
(Totò)

La incontrai per caso a Messina
Proveniva da Canicattì
prese posto sulla littorina,
che partiva gremita quel dì.

Al mio sguardo ben chiaro e palese,
non rispose né no, e né sì.
Allora io, col mio nobile inglese,
sottovoce le dissi così:

Miss mia cara Miss
'nu cuoppo allesse[1] io divento per te
Miss, mia dolce Miss,
scaveme a fossa ca io moro per te.

Perdonami se cantoti
quell'aria che sai tu
il cantico dei cantici
Nel blu dipinto di blu.

Miss, mia cara Miss,
faccio a scummessa
ca io mi sposo a te.

Miss mia dolce miss
io voglio il bis e tu sai già di che.

La baciai, mi baciò, ci baciammo,
stretti stretti abbracciati così
per un ora e tre quarti filammo
ad un tratto sparò mezzo dì.

Or mi scrive una lettera al mese,
e mi dice «mio caro Mimì
io rispondo al tuo nobile inglese
ma però non riesco a capì».

---

1. Letteralmente: cartoccio di castagne lesse. Qui il significato figurato è: un tontolone

Un uomo abbandonato dall'innamorata con cui era già fissato il matrimonio, si vendica a modo suo. Decide di starsene col «mandolino» fuori dal suo balcone, in modo da poter dedicare un «accordo in Fa» alle giovinette che passano di là. Fino al giorno in cui viene a sapere che lei sta per sposare un altro. E allora la vendetta si fa ancor più esplicita pur di rovinarle la cerimonia. Stavolta addirittura vuole uscire e farsi vedere fuori al portone, naturalmente sempre col suo mandolino.

'N ACCORDO IN FA

(Pisano – Valente)

Tenevo 'na paciona 'e 'nnammurata,
affezionata, semplice e gentile...
Doppo tre anne, 'a capa ll'è avutata[1],
e ll'è venuto 'o sfizio 'e me lassà...
Stò contro a tutt' 'e ffemmene
pe' chesta 'nfamità...
E 'na vendetta nera voglio fà:
M'ho comprato 'nu mandulino
e mme metto for' 'o balcone...
Quanno passa 'na signurina
io lle faccio 'n accordo in «Fa»...
Po' lle canto chistu sturnello
ch'è capace d' 'a 'ntussecà[2]:
Fli-ppò... fli-ppò...
fli-ppò... fli-ppò...
Fiore di primavera...
La donna tiene i peli sopra il cuore,
e io nun mm' 'a pigliasse pe' mugliera
nemmeno se me l'ordina il dottore...
Parola mia,
parola mia d'onore...
Diceva: «Tu si' tutt' 'o core mio
e si mme lasse tengo il vetriuolo!»
Po' mme guardava 'mmocca pe' gulìo[3]...
a n'atu mese avévam' 'a spusà...
Nèh chella 'o juorno quìnnece[4] mme dice chesto a me,
'o sìdece... nun se fà cchiù vedé!
E pe' chesto, cu 'o mandulino,
io mme metto for' 'o balcone,
quanno passano 'e ssignurine
lle cumbino 'n accordo in «Fa»...

Po' lle canto chistu sturnello
ch'è capace d' 'e 'ntussecà:
Fli-ppò... fli-ppò...
fli-ppò... fli-ppò...
Fiore di primavera...
La donna dice: «Una capanna e un cuore...»
ma quanno vede 'e ccarte 'e mille lire,
se mette pure cu 'nu scupatore[5]...
Parola mia,
parola mia d'onore!...
Succede, che mm'accatto[6] 'nu giurnale,
e trovo scritto: «Rosa Imperatore,
oggi si sposa con... il tal dei tali...»
È chillo 'o juorno ca mm'aggi' 'a spassà[7]...

Faccio 'na cosa semplice
ca ll'ha da fà svenì...
Dice: Ma che lle faje? Mo v' 'o ddich'i'![8]
Mme ne jèsco cu 'o mandulino
e mme metto sott' 'o purtone...
quanno arrivano gli sposini,
io lle faccio 'n accordo in «Fa»...
Po' lle canto chistu sturnello
ch'è capace d' 'e ffà schiattà[9]:
Fli-ppò... fli-ppò...
fli-ppò... fli-ppò...
Fiore di primavera...
Chist'è 'nu matrimonio per amore,
ma tu, mio caro sposo, sta' sicuro
che a San Martino vaje a fà 'o priore...
Parola mia,
parola mia d'onore...

---

1. Hai cambiato idea.
2. Innervosirla.
3. Desiderio.
4. Il giorno quindici.
5. Spazzino.
6. Compro.
7. È quello il giorno in cui devo spassarmela.
8. Ora ve lo dico io.
9. Farli crepare di rabbia.

Uno splendido affresco del mondo e dei pensieri delle sciantose. Una donna intuisce che il successo e il denaro può ricavarli non dalle fatiche di ogni giorno, ma dai palcoscenici dei Cafè Chantant e dagli uomini ricchi che lì s'incontrano.

NINÌ TIRABUSCIÒ
(Califano – Gambardella)

I

Chillu turzo[1] 'e mio marito
nun se pò cchiù suppurtà!
Ll'aggi' 'a còsere 'o vestito[2]:
Mm'aggi' 'a[3] mettere a cantà!

Tutto è pronto! Stò' aspettanno
'na scrittura p' 'a firmà:
Nun appena che mm' 'a danno,
vaco fore[4] a debuttà!

Ho scelto un nome eccentrico:
«Ninì Tirabusciò».
Oh! Oh! Oh!
Oh! Oh! Oh!
Addio mia bella Napoli,
mai più ti rivedrò!...
Oh! Oh! Oh!
Perderai Tirabusciò!

II

Ne cunosco tante e tante
ca nun sò' cchiù meglio 'e me...
e cu 'e llire e cu 'e brillante
sò'turnate da 'e tturné...

'A furtuna, s'è capito,
'ncopp' 'e ttavule[5] se fa!...
Ca fatiche e ghiétt' 'acito[6],
che risorse può sperà?...

Aìz' 'a vesta[7], smuòvete!
È ll'epoca ch' 'o vvò'...
Oh! Oh! Oh!
Oh! Oh! Oh!
Addio mia bella Napoli,
mai più ti rivedrò!...
Oh! Oh! Oh!
Perderai Tirabusciò!

III

Pe' cantà nun serve 'a voce,
è 'o partito ca 'nce vò'...
po' 'e ccanzone miette 'ncroce[8]
ca faje «bisse» quante vuò'![9]

Dai il tuo cuore 'ncopp' 'a piazza
ai più ricchi «abitué...»
Vide po' si 'un fanno 'a mazza[10]
ll'ate artiste 'nnanze a te![11]

È chesta 'a vera tattica
'e 'na sciantosa[12] 'e mo...
Oh! Oh! Oh!
Oh! Oh! Oh!
Addio mia bella Napoli,
mai più ti rivedrò!...
Oh! Oh! Oh!
Perderai Tirabusciò!

---

1. Allocco.
2. Devo cucirgli il vestito [giocargli un brutto tiro].
3. Mi devo.
4. Vado fuori.
5. Sulle tavole [del palcoscenico].
6. Se pure ti affatichi e ti sfinisci.
7. Solleva il vestito.
8. Rovini le canzoni.
9. Di bis ne fai quanti ne vuoi.
10. Vedi se non devono inchinarsi.
11. Al tuo cospetto.
12. Cantante da Cafè Chantant e donna capace di sedurre [dal francese *chanteuse*].

Deliziosa serie di assonanze piena di doppi sensi. Tutto ruota attorno alla dieta americana imposta da lei e al rifiuto di lui di continuare a farla. Basta con toast e ananas.

NON TOSTO

(Iannuzzi – Marsiglia)

Me fai fà 'na vita e' cane, pe' sta dieta americana
Me coll'alba di domani, io ti scasso il tostapane
Dimme chello ca vuo' tu, io con te non tosto più.

Eh!!
Non tosto, mi credi, non tosto e non sono più disposto
Ai tuoi succhi d'ananas, a tenere spento il gas,
e nel mentre mi preparo un buon caffè,
te la tosti tu da sola 'sta fettina 'e pan carrè.

Il mio peso era perfetto, 71 chili e un etto,
ma conosco il tuo progetto, tu mi vuoi portare al letto,
tutto il resto è peso in su, grazie, ma non tosto più.

Eh!!
Non tosto, mi credi, non tosto e tu che lo sai più tosto
Non insistere coi crek, vedi un po' di fare un break,
altrimenti me ne vado e senz' 'e me
te la tosti tu da sola 'sta fettina 'e pan carré.

Anche se tu mi trattieni, metto a folle e tiro i freni
Questa dieta così strana, coi miei gusti non ingrana
Mi ha buttato così giù che con te non tosto più.

Eh!!
Non tosto, mi credi, non tosto e tu che non vuoi l'arrosto
Nei momenti di relax, se ti manco fammi un fax
Ho deciso, me ne vado e scusa se
Te la tosti tu da sola 'sta fettina 'e pan carré.

Il falso bigotto predica bene e razzola male: finge di essere timoroso di Dio e caritatevole, ma sfrutta le donne e fa l'usuraio.

'O BIZZUOCO FAUZO

(Cinquegrana – De Gregorio)

I

Dint' 'a cchiesa 'o spitaletto[1]
'o pricetto m'aggio fatto,
e me sento suddisfatto…
Cchiù liggiero, 'a verità[2].

Casa e cchiesa, chiesa e casa,
Chesta vita sempre faccio.
Nun me 'ntrico[3] e nun me 'mpaccio[4],
'Ngrazia 'e Dio[5] me piace 'e sta!

Che 'nci appur?[6] 'O munno è tristo!
Specialmente p' 'a vunnella[7],
chello ppoco 'e rubbicella[8]:
comme! Tanto adda custà?[9]

'A femmena è 'na croce!
Me pozzo 'ntusseca?[10]
C'ajut' 'e Dio m'abbraccio[11]…
ch'aggia fà?

II

So' suldiero[12], e se capisce
Tengo 'a femmena p' 'o lietto,
p' 'a cucina, p'arricietto.
- Nun sta bene!... Neh, pecché?

Faccio quacche prestituccio
a 'e ffamiglie puverelle
p'aiutarle, e 'sti ciantelle[13]
taccaréino[14] comm'a che!
Ma d' 'e femmene po 'a vocca[15]
è pruvata e conosciuta…
nun 'a tèneno cusuta[16]
tutte quante… e ciò si sa!

'A femmena è 'na croce!
Me pozzo 'ntusseca'?
C'ajut' 'e Dio m'abbraccio…
ch'aggia fà?

Oggigiorno, p' 'o peccato,
se va male overamente,
e 'o Signore giustamente
ce castiga, e ben ci sta.

Mo se scontrene duje trene;
mo 'na Banca se ne scenne[17];
chi esce pazzo, chi se 'mpenne[18],
furte[19] 'a ccà, fallenze[20] 'a llà.
Dio ve scanza[21] po 'e 'na moglie
Coi bontò[22], l'affare è serio!
'O sapite a don Saverio?[23]
Chella fine jate a fà[24].

'A femmena è 'na croce!
Me pozzo 'ntussecà?
C'ajut' 'e Dio m'abbraccio...
ch'aggia fà?

---

1. Del piccolo ospedale.
2. Più leggero, a dire il vero.
3. M'intrigo.
4. M'impiccio.
5. Letteralmente: nella grazia di Dio. Per i napoletani il senso è: in piena tranquillità.
6. Letteralmente: cosa ne appuri, cosa ne ricavi?
7. Letteralmente: per la gonnella. Qui il senso è: a causa delle donne.
8. Robetta.
9. Deve costare così tanto?
10. Mi posso innervosire?
11. Con l'aiuto di Dio mi abbraccio [è sottintesa la croce].
12. Danaroso.
13. Donne disoneste [parola utilizzata come ingiuria generica].
14. Ci danno dentro [il taccaro era un piccolo bastone, dunque il senso originario era battere, picchiare].
15. Bocca.
16. Non sanno tenerla cucita.
17. Subisce un tracollo.
18. Si impicca.
19. Furti.
20. Fallimenti.
21. Vi evita.
22. Letteralmente: bon ton. Qui il senso è: talmente ricercata nei modi e nel vestire da essere complicata e costosa.
23. Conoscete don Saverio? [l'autore, Cinquegrana, si diverte a citare se stesso: il riferimento è alla canzone *Don Saverio*, in cui la moglie del protagonista è una donna raffinatissima che esige una vita mondana e impunemente tradisce il marito].
24. Rischiate quella stessa fine.

L'invito a una donna ad accettare le sue intenzioni di sposarla. Lui è innamorato e le fa notare che un rifiuto rischierebbe di lasciarla zitella e in triste solitudine.

OILÌ OILÀ

(Di Giacomo – Costa)

I

Carmè', quanno te veco,
Carmè', quanno te veco,
Carmè', quanno te veco,
mme sbatte 'o core...

Dimméllo tu ch'è chesto,
dimméllo tu ch'è chesto,
dimméllo tu ch'è chesto,
si nun è ammore?

Chest'è ammore,
oilì – oilà!
e dincello[1] a mamma toja
si te vò' fà mmaretà[2]...

Chest'è ammore,
oilì – oilà!
e dincello a mamma toja
si te vò' fà mmaretà...

Carmè', dincello...
'Nu bellu maretiello[3]
è sempe buono...
Si no tu rieste sola,
sola, sola, e llariulà...
'a verità, 'nce vò' 'na cumpagnia,
tricche – tricche, e llariulà...
tricche – tricche, e llariulà...

II

Comm'acqua a la funtana,
comm'acqua a la funtana,
comm'acqua a la funtana,
ca nun se secca...

Ll'ammore è 'na catena,
ll'ammore è 'na catena,
ll'ammore è 'na catena,
ca nun se spezza...

Nun se spezza...
oilì – oilà!
si se spezza... bonasera,
nun se pò cchiù 'ncatenà!

Nun se spezza...
oilì – oilà!
si se spezza... bonasera,
nun se pò cchiù 'ncatenà!

Carmè' tu 'o ssiente?
'Nu bellu maretiello è sempe
buono...
si no tu rieste sola,
sola, sola, e llariulà...
'a verità, 'nce vò' 'na cumpagnia,
tricche – tricche e llariulà!
tricche – tricche e llariulà!

III

Stu core aggio perduto,
stu core aggio perduto,
stu core aggio perduto,
'mmiez'a 'na via...

Tu certo ll'hê truvato,
tu certo ll'hê truvato,
tu certo ll'hê truvato,
bellezza mia...

Ll'hê truvato...
oilì – oilà!
ll'hê truvato e ll'annascunne[4]...
ma vengh'io pe' mm' 'o piglià![5]

Ll'hê truvato...
oilì – oilà!
ll'hê truvato e ll'annascunne...
ma vengh'io pe' mm' 'o piglià!

Carmè', dancìllo![6]
'Nu bellu maretiello
è sempe buono...
si no tu rieste sola,
sola, sola, e llariulà...
'a verità, 'nce vò' 'na cumpagnia,
tricche – tricche e llariulà...
tricche – tricche e llariulà...
tricche – tricche e llariulà...
tricche – tricche e llariulà...

1. Dillo.
2. Se vuol farti sposare.
3. Maritino.
4. Lo nascondi.
5. Ma io vengo a riprenderlo.
6. Daglielo!

Una figura fondamentale dell'iconografia napoletana: lo jettatore. Il quale sembra da un lato soffrire del fatto che chiunque tenti di tenerlo distante, ma dall'altro anche approfittare del ruolo che ormai la gente gli attribuisce.

'O JETTATORE

(Cinquegrana – Valente)

I

Tu vide a me che ddiece[1] me succede!...
Ma chesta mo è 'na brutta pazziella[2]...
'A gente addò[3] me ncontra, addò me vede,
S'avota 'a llà[4] e se fa 'na grattatella!
Dicite vuje: ma comme, tu chesto vaje guardanno!...
Gniernò[5], m'ha ditto 'on Carmene, int' 'o cafè 'e Bonanno[6]...
Sentite po' che auto[7] m'ha ditto 'o caffettiere[8],
Pe' buie mo è 'nu trapazzo[9] veni' ccà tutt' 'e ssere.
Si nun ve dispiace, ve faccio 'na proposta:
Ve mann' 'o ccafè gratis anfin' 'a casa vosta...
Io 'o guardo, e chillo, lesto, se fa 'n'allisciatella[10]
Vicino 'o curniciello appis' 'a catenella[11]!
Tu vide a me che ddiece me succede!
Ma comme! A jettatura 'o Noviciente[12]!...
E parlammo 'e prugresso e civiltà!...
Mettimmecenne scuorno overamente[13]!...
Ccà jamm' arreto[14] a gran velocità!

II

’A gente mo appaura ’e me se mette…
e specialmente chella ’nfame[15] ’e Stella,
pe’ causa ’e ’nu cunziglio[16] che le dette,
quanno vulea affittarse ’a stanzulella[17].
I’ lle dicette: siente, nun t’ ’o guasta’ ’o quartino[18]…
Si no ’e nquiline spierte[19] te fanno ’o piattino[20]…
S’ ’a teneno ’nu mese, ’a stanza, ’e mariuole[21]…
Po’ ’a lasseno c’ ’a scusa can un ce vatte sole[22]…
Doppo tre mise overo Stella se ruvinaie[23]…
E chella sbruvignata cu mmico s’ a’ pigliaie[24]!
Me pare ’o juoco ’e ppalle[25]! Chillo le guasta ’o seje[26]!
Ch’è? Ce aggio jettato io[27]… So’ state ll’uocchie mieje.

III

Me sento dì (vedite che disdetta!...)
Ca tengo ll’uocchie verde ’e cestariello[28]…
’o naso comm’ ’o becco d’ ’a cevetta,
che addò accost’ io[29] succede ’nu maciello.
Me so’ occupato tanto dell’Esposizione,
per sollevare un poco ’a popolazione;
facendo esporre tutto, finanche ’e maccarune[30],
finanche ’e chiuove igienici pe’ sotto ’e stivalune.
Embè, pecché s’è fatto ’nu fiasco gruoss’ assaje,
e so’ succiese guaje, nun viste e ntise maje[31],
’a ggente va dicenno ca tutta ’st’ira ’e Dio
nun succedeva affatto si mmiezo ’un ce stev’io[32].

1. Dieci [si tratta di un eufemismo che evita di nominare Dio].
2. Faccenda.
3. Dove.
4. Mi volta la faccia.
5. Signornò.
6. Mi ha detto don Carmine quando eravamo al Caffè Bonanno.
7. Altro.
8. Barista.
9. Per voi è una faticaccia.
10. Una sfregatina.
11. Il cornetto che pende dalla catenina.
12. Ma come? Il malocchio ancora nel Novecento?
13. Vergogniamocene davvero.
14. Qua andiamo indietro.
15. Perfida.
16. A causa di un consiglio.
17. Concedere il fitto di una stanzetta.
18. Senti, non rovinarti l'appartamento.
19. Esperti [qui nel senso di furbi].
20. Ti raggirano.
21. Quei ladri.
22. La lasciano con la scusa che non ci batte il sole.
23. Si trovò davvero rovinata.
24. Quella svergognata se la prese con me.
25. Il biliardo.
26. Sposta la palla numero sei.
27. Che c'entro io?
28. Occhiacci, come quelli della strige, l'uccello notturno carnivoro delle leggende dell'antica Roma.
29. Lì dove m'avvicino.
30. Maccheroni.
31. Mai visti e sentiti.
32. Se in mezzo non ci fossi stato io.

Vicende raccontate direttamente da un malavitoso, che non risparmia nemmeno la descrizione delle sue violenze e addirittura l'uso delle armi. Un limpido esempio di macchietta dell'epoca.

'O PRESIDENTE

(Capurro – Buongiovanni)

I

I' nun teneva manco dùdece anne
Quanno facette 'o primmo
ferimente;
anzino a mo aggio avuto[1] otto
cundanne
e m'hanno miso nomme[2] *'o
Presidente.*

E po', sul' 'o rispetto!
Ogneduno[3] me vo' salutà:
«Ccà sta 'o cumpare bello»
- Bona notte e salute, cumpa'.
Po' me ritiro e sesco[4]:
(*fischio*)

Si sòrema nun scenne llà pe' llà[5],
siente 'e pacchere 'ntrunà[6].

II

Aggiu tagliato 'a faccia[7] 'a
Russulella
E 'o frate avette 'a capa paliata[8],
'e gguardie' e 'o rillicato 'e copp'
'a Stella[9]
ietteno ascianno[10] a me tutt' 'a
nuttata.

I' m' 'a facette franca,
e ched'è? Me faceva piglià[11]?
Cu me, sango d' 'a morte[12],
primma acito s'aveva iettà[13]...
e po' abbastava 'o sisco[14]:
(*fischio*)

Vedive tutt'amice 'e miez' llà[15]
Ca facevano ppì ppì...
Ppì! Ppì!

III

Nun è pe' ddì'[16], ma già m'hanno proposto
pe' capo 'a suggità[17], pecché me movo[18],
pecché 'nfaccia 'o pericolo so' tuosto,
pecché me faccio sotto addò me trovo[19].

I' po' a mez'ora 'e notte
'a ricanna[20] m' 'a porto cu me.
Vaco add' a Naso 'e cane[21]
E 'o cchiù poco 'na lira aggia avé[22]
Le faccio 'siscariello[23].
(fischio)

E si nun proie 'e solde llà pe' llà[24],
'a ricanna 'a siente fà[25]:

Ppì! Ppa!

---

1. Fino ad ora ho avuto.
2. Mi hanno soprannominato.
3. Ognuno.
4. Fischio.
5. Se mia sorella non scende immediatamente.
6. Senti il suono dei ceffoni.
7. Ho sfregiato il volto.
8. E picchiai duramente il fratello.
9. Le guardie del delegato di sopra la Stella [agenti della stazione di una zona del centro di Napoli].
10. Mi cercarono.
11. E come? Potevo farmi prendere?
12. Maledizione!
13. Letteralmente: si doveva buttare l'aceto. Come dire: bisognava sputare sangue.
14. E poi bastava il fischio.
15. Vedevi tutti i miei amici di quella zona.
16. Non per dire.
17. Letteralmente: società. Il senso autentico è: organizzazione malavitosa.
18. So muovermi.
19. Affronto ogni situazione.
20. Pistola.
21. Vado da Naso di cane [appellativo attribuito a quelli col naso camuso].
22. Come minimo deve darmi una lira.
23. Faccio un fischietto.
24. E se non tira fuori [lett.: porge] i soldi immediatamente.
25. Senti la pistola che fa.

Il personaggio che regge questa macchietta è quello che si definirebbe un pettegolo «criticone». Osserva fatti e persone che gli stanno intorno soltanto per il gusto di poterne poi parlar male.

'O RUSECATORE

(Cinquegrana – Valente)

- E chist'è 'n atu bello galantuomo
Chisto ch'è asciuto[1] mo... sto signurone!...
Cantava litanie dint' 'o Duomo,
E mo è tutt'isso[2] 'ncopp'[3] 'a Sezione,
E pappa bene! Caspita!
Protegge a chisto e a chille...
A chi sta in piazza e tene
'e pise scarzulille[4]...
a chi è pregiudicato...
a quacche patriota,
che è stato carcerato,
pe' truffa cchiù 'e 'na vota!
Faccio buon'io, sentite,
ca nun me 'ntrico[5] 'e niente...
Vuless' 'o cielo 'a gente
Facesse comm' a mme!

- Chist'auto pure parla... Ih, che piacere!
Affitt' 'e stanzulelle... aunestamente...
Isso va secutanno[6] 'e cammarere,
e 'a moglie e 'a figlia alloggen' 'e studiente.
D' 'e trastulante[7] chisto
overamente è 'a crema...
E ttiene per pagare

Un ottimo sistema…
Fa 'mpupazzà[8] a mugliera…
Le dice due parole…
'a fa i' nnanze e arreto[9],
e ottiene ciò che vuole…

- Chi vene, teh!... Levammece 'a ccà fore[10]…
Si no, mo vene 'o juorno d' 'o giudizio…
Statev'attiente: chisto è ghiettatore[11]!...
Grattateve, ca non è pregiudizio…
Quando sposò don Giulio
Isso[12] l'accumpagnaie!
Passaie 'o pover'ommo[13]
'nu sacco e mmiez' 's guaje[14]…
Perdette pure 'a chiave
d' 'o *segretè* d' 'a sposa[15]…
e ppe tre ghiuorno 'e seguito
d'aprirlo non fu cosa!...

---

1. Uscito.
2. Letteralmente: è tutto lui. Come dire: si dà arie da uomo di potere.
3. Sopra.
4. Scarse protezioni.
5. Mi intrigo.
6. Inseguendo.
7. Dei maneggioni.
8. Imbellettare.
9. La fa passeggiare avanti e indietro.
10. Togliamoci da qui fuori.
11. Questo è un menagramo.
12. Lui.
13. Toccò al poveretto.
14. Una gran quantità di guai.
15. Mobile in legno.

Un amore pieno di pudori tra un rosso e una rossa. Ammiccamenti e piccole malizie – finanche un colpo di tosse che l'artista eseguiva davvero – sono gli ingredienti di questa autentica piccola perla scritta da Carosone.

'O RUSSO E 'A ROSSA

(Carosone – Taranto)

Affaciata 'a fenesta sta 'rossa
'o balcone 'e rimpetto sta 'o russo
essa more 'e passione pe' isso
isso e' pazzo d'ammore pe' essa
se fanno 'na guardata
po' se ne fanno 'n 'ata[1]
senza tene' 'o curaggio 'e se parlà.
'O russo, quanno vede 'a rossa
lle vene 'a tosse
lle vene 'a mossa[2].
Chella fa 'a muscettina[3]
e chillo cchiu' s'appiccia[4]!
'Sta rossa malupina[5]
vi' che se fida 'e fà![6]
E 'a rossa vede ca 'o russo
se fa russo russo russo
e 'o russo vede c'a' rossa
se fa rossa rossa rossa
e appriesso a isso[7]
perd' 'a cap'essa[8]
e 'a rossa cu 'na mossa maleziosa
l'arrepassa[9]! Ue'! ue'!

'A fenesta sta 'o pate d'a rossa
'o balcone sta 'a mamma d' 'o russo
'a signora c'allucca cu isso
e 'o signore callucca[10] cu' essa
tu vide che triate[11]
'sta mamma cu' 'stu pate
ce manca 'o cuncertino pe' cantà!
'O russo, quanno vede 'a rossa
lle vene 'a tosse
'a rossa, quanno vede 'o russo
lle vene 'a mossa.
Chella fa 'a muscettina
e chillo cchiu' s'appiccia!
'Sta rossa malupina
vi' che se fida 'e fà!
E 'a ggente vede ca 'o russo
se fa russo russo russo
e vede 'a rossa che se fa
rossa rossa rossa
acchiappa 'a isso[12]
acchiappa 'a essa
e fall' da' 'nu vaso doce doce
'n' ponta 'o musso[13]!

'O russo, quanno vede 'a rossa
lle vene 'a tosse
'a rossa, qunno vede 'o russo
lle vene 'a mossa
chella fa 'a muscettina
e chillo cchiu' s'appiccia!
'Sta rossa malupina
vi' che se fida 'e fà!
E 'a rossa vede ca 'o russo se fa
russo russo russo
e 'o russo vede c'a' rossa se fa
rossa rossa rossa
e appriesso a isso
perd' 'a cap'essa
e 'a rossa cu 'na mossa malesiosa
l'arrepassa
a' rossa... o' russo.

---

1. Un'altra.
2. Un malore.
3. La svenevole.
4. Si accende [di passione].
5. Come dire: rossa malpelo [*Rossa malupina* cita il titolo di una vecchia canzone di Nicolardi].
6. Guarda un po' di cosa è capace!
7. Dietro a lui.
8. Lei perde la testa.
9. Lo blandisce.
10. Che urla.
11. Teatro.
12. Prendilo.
13. Sulla punta delle labbra.

Una dichiarazione d'amore e di sottile gelosia. Lui è attratto dalle curve generose di lei, ma poi s'accorge che tutti gli uomini del rione – il ragioniere, l'oste, il barbiere – hanno i suoi stessi pruriti quando la vedono passare.

'O SUSPIRO

(Nisa – Renato Carosone)

Si mámmeta t'ha fatto cu 'abbundanza,
sti ssuttanelle strette,
tu, che te mmiette a fà?[1]
Sarrà l'effetto della tua presenza
ca, doce doce, mme fa suspirà:

Tu, quanno passe,
mme faje venì 'na mossa[2]...
Oje vocca[3] rossa,
che sfizio a te vasa'![4]
Tu nun 'o ssaje
ma chistu core mio,
suspira e fa: «Aaaah!...
Sei una bontà!»
Pe' st'uocchie nire,
'mpazzisce 'o gelatiere;
'o ragiuniere,
nun riesce a ragiunà;
'O canteniere[5],
sciacquanno 'nu bicchiere,
suspira e fa: «Aaaah!...
Sei una bontà!»
Nun 'o vvide ca 'o barbiere

nun 'nzapona[6] e guarda a te?
Mentre 'o cliente,
'a coppa[7] seggia,
zompa e dice: «Ma chi è?!»
Tu, quanno passe,
mme faje venì 'na mossa...
Oje vocca rossa,
che sfizio a te vasà!
Si' 'na pupata[8]...
'e tutto vicinato
suspira e fa: «Aaaah!...
Sei una bontà!»

---

1. A che scopo le indossi?
2. Malore.
3. Bocca.
4. Baciarti.
5. L'oste.
6. Insapona.
7. Sopra.
8. Bambola.

Un innamorato insiste sulla metafora della pansé per comunicare tutto il suo amore e anche il suo desiderio alla propria donna.

LA PANSÉ

(Pisano – Rendine)

Ogni giorno cambi un fiore
e lo appunti in petto a te...
Stamattina, sul tuo cuore,
ci hai mettuto una pansé...

E perché ce l'hai mettuta?
se nun sbaglio l'ho capito...
Mi vuoi dire, o bella fata,
che tu pensi sempro a me...

Ah!...

Che bella pansé che tieni,
che bella pansé che hai...

me la dai?
me la dai?
me la dai la tua pansé?

Io ne tengo un'altra in petto
e le unisco tutt'e due:
Pansé mia e pansé tua...
in ricordo del nostro amor!
Questo sciore avvellotato[1],
tanto caro io lo terrò...
Quando si sarà ammosciato[2],
io me lo conserverò...

Ci ha tre petali, tesoro,
e ogneduno ci ha un pensiero...
sono petali a colori:
uno giallo e due marrò...

Ah!...

Che bella pansé che tieni,
che bella pansé che hai... sciocco

me la dai?
me la dai?
me la dai la tua pansé?

Tu sei come una fraffalla
che svolacchia intorno a me...
Poi ti appuoi[3] sulla mia spalla
con il pietto e la pansé...
Io divento un mammalucco[4],
poi ti vaso[5] sulla bocca
e mi sembra un tricchi-tracco[6]
questo vaso che do a te!

Ah!...

Che bella pansé che tieni,
che bella pansé che hai...

me la dai?
me la dai?
me la dai la tua pansé?

---

1. Fiore vellutato.
2. Appassito.
3. Posi.
4. Un allocco.
5. Bacio.
6. Tric trac [fuoco d'artificio con esplosioni successive].

Elogio a se stesso di un militare simpatico e spavaldo che racconta alla propria ragazza la sua capacità di sedurre, un po' grazie al fascino della divisa, un po' grazie al suo charme naturale. O forse solo perché è di Napoli.

PASQUALE MILITARE
(De Gregorio – Rendine)

Mio caro amore,
ti scrivo la presente
col grado militare
di sergente...
Ma non per dire,
cu sti gallune 'argiento,
ho conquistato tutta la città!

A parte la divisa,
il tuo Pasquale,
ha fatto, anche in borghese,
sempe 'e femmene 'ncantà...

Sarrà...
ca sòngo 'e Napule?
Sarrà...
chi sa pecché?...
Sapisse chesti femmene
che festa fanno a me
appena ca mme vedono
pa strada accumparé...
Carmè', tu ll'hê 'a[1] vedé...
Nun è p' 'o ffà[2] sapé:
Chi mme dà 'nu pezzechillo[3],
chi mme dice 'a parulella[4],
ma Pasquale non si molla
pecché penza sulo a te!

Carmela Cara,
si pure sto a Torino,
io tengo 'nnanz'[5] 'a ll'uocchie
San Martino[6]...
E tutte ssere,
ll'avoto[7] a cuncertino...
e 'o Vommero[8], mmo faccio venì ccà!

Non essere gelosa
del tuo Pasquale...
me penza ca sti ccose,
chi è surdato, ll'ha da fà[9]!...

Sarrà...

Finale:
Sapisse chesti femmene
che festa fanno a me,
appena ca mme vedono
pa strada accumparé!...

Carmè', tu ll'hê 'a vedé...
Nun è po ffà sapé...
Che te fanno sti rragazze,
pe' pigliarme dinta rezza[10]...
Ma Pasquale è una fortezza
riservata solo a te!...

---

1. Devi.
2. Per farlo.
3. Pizzicotto.
4. Lancia un ammiccamento.
5. Davanti.
6. Zona della collina napoletana.
7. Lo giro.
8. Uno dei quartieri collinari di Napoli.
9. Deve farle.
10. Per farmi finire nella rete.

Il lamento di un uomo che si pente di aver compiuto l'irreparabile, sposando una donna insopportabile. Così, adesso consiglia vigorosamente a Ciccillo di riflettere e non commettere il suo stesso errore.

PIENZECE BUONO CICCILLO MIO

(Murolo – Mazzocco)

Quello che è fatto è fatto
e indietro nun posso turnà!
Meglio ca me sto zitto,
parlo ma che parlo a fà.

Se un poco ci pensavo,
stu passo nun 'o facevo
e 'a casa 'e mammella[1] me stevo,
magnavo, durmevo e putevo
  campà[2]!

Pienzece buono, Ciccillo mio,
pienzece buono, diceva mammà,
il matrimonio, Ciccillo mio,
il matrimonio te fa dannà.

La donna è qualche cosa
che assomiglia a 'nu mellone[3]:
l'arape[4], 'o truove bbuono
ma però te può pure sbaglià.

Perciò, pienzece buono, Ciccillo mio,
ma per tentare più tempo non c'è,
'o mellone chiù 'nfracetato[5]
M'è capitato e me l'aggia tené[6]!

Quello che è detto è detto,
e nun se po' chiù ritirà,
quello già stava scritto
che mi dovevo sposar.

Penso con nostalgia
'a casa 'e mammella mia,
ero scapolo e senza pensiero
mo, cu sta mugliera, nun posso
  campà!

Pienzece buono, Ciccillo mio,
pienzece buono, diceva mammà,
il matrimonio, Ciccillo mio,
il matrimonio te fa dannà.

La donna è qualche cosa
che combina o non combina
se sceta[7] ogni matina
sulamente pe' te 'ntussecà[8].

Perciò, pienzece buono, Ciccillo mio,
ma per pensare più tempo non c'è,
'a mugliera chiù scombinata[9]
M'è capitata e me l'aggia tené[10]!

Coro:
Pienzece buono, Ciccillo mio,
pienzece buono, diceva mammà,
il matrimonio, Ciccillo mio,
il matrimonio te fa dannà.

La donna è qualche cosa
ca te mette 'o fierro 'ncapo[11],
'na pecora, 'na crapa,
'nu cuniglio te fa addeventà.

Perciò, pienzece buono, Ciccillo mio,
ma per pensare più tempo non c'è,
questa donna che m'ha inguiato
m'a so' spusata e me l'aggia tené!
Questa donna che m'ha inguiato.

---

1. Come dire: mammina.
2. Vivere.
3. Cocomero.
4. Lo apri.
5. Più fradicio.
6. Devo tenermelo.
7. Si sveglia.
8. Innervosirti.
9. Incontrollabile.
10. Devo tenermela.
11. Ti tiene prigioniero.

Delizioso lamento di un uomo che soffre di insonnia perché non sa dimenticare un vecchio amore. Per dormire, non gli resta che affidarsi a una pastiglia, fatta con gli ingredienti impronunciabili che vendono in farmacia.

PIGLIATE 'NA PASTIGLIA

(Nisa – Carosone)

I

Io cammino ogne notte,
io cammino sbarianno[1],
io nun tengo maje suonno,
nun chiudo maje ll'uocchie
e nun bevo cafè!

Coro:
Va' te còcca[2], siente a me!...
Va' te còcca, siente a me!...

'Na perziana[3] ca sbatte,
'nu lampione ca luce[4]...
e 'nu 'mbriaco ca dice,
bussanno a 'na porta:
«Mm'arape, Cuncè'?»[5]
'A tre mise[6] nun dormo cchiù:
'na vucchella[7] vurrìa scurdà...
gente, diciteme comm'aggi' 'a fà[8]?

Coro:
Pìgliate 'na pastiglia!
Pìgliate 'na pastiglia,
siente a me...

Pe' mme fà addurmì,
pe' mme fà scurdà,
il mio dolce amor!

Coro:
Pìgliate 'na pastiglia!
Pìgliate 'na pastiglia,
siente a me...

Pe' mme fà sentì,
come un gran pascià
e mm'inebria il cuor!

Dint' 'e vvetrine 'e tutt' 'e
farmaciste,
la vecchia camomilla ha dato il
posto

alle palline 'e glicerofosfato -
bromotelevisionato -
grammi: zero, zero, tre...
Ah!...

Coro:
Pìgliate 'na pastiglia,
siente a me!

II

Dint' 'o scuro 'na gatta,
mastecanno 'na sarda,
doce doce mme guarda,
mme guarda, se struscia[9],
miagola e fa:

Coro:
Siente a me: vatte a cuccà!
Siente a me: vatte a cuccà!

Sò' 'nu ciuccio 'e carretta,
carrecato[10] d'ammore
ca se tira stu core...
stu core, ca cerca
la felicità!...
'A tre mise nun dormo cchiù:
'na vucchella vurrìa scurdà!...
Gente, diciteme comm'aggi' 'a fà?

Coro:
Pìgliate 'na pastiglia!...
Pìgliate 'na pastiglia,
siente a me...

Pe' mme fà sentì,
come un gran pascià
e mm'inebria il cuor!

Dint' 'e vvetrine 'e tutt' 'e
farmaciste,
la vecchia camomilla ha dato il posto
alle palline 'e glicerofosfato -
bromotelevisionato -
grammi: zero, zero, tre...
Ah!...

Coro:
Pìgliate 'na pastiglia!...
Pìgliate 'na pastiglia,
siente a me...

Finale:
Dint' 'e vvetrine 'e tutt' 'e
farmaciste,
la vecchia camomilla ha dato il posto
alle palline 'e glicerofosfato -
bromotelevisionato -
didditì, bicarbonato,
borotalco e seme 'e lino,
cataplasma e semolino,
'na custata â fiorentina,

mortadella e duje panine
cu 'nu miezu litro 'e vino,
'nu caffé con caffeina,
grammi: zero, zero, tre!...
Ah!...

Coro:
Pìgliate 'na pastiglia,
siente a me!

1. Occupando il tempo.
2. Vattene a letto.
3. Persiana.
4. Illumina.
5. Mi apri, Concetta?
6. Da tre mesi.
7. Boccuccia.
8. Come devo fare.
9. Si strofina.
10. Carico.

La canzone è piena di languore e dolcezza, ma contiene fin dal titolo il suo doppio senso piuttosto esplicito. Se infatti si uniscono due cuori può subito «nascere» la felicità.

PIGLIATILLO PIGLIATILLO[1]

(Pisano – Cioffi)

Ll'ammore, p' 'e ciardine[2], alleramente,
se ferma tutt' 'e ssere, ride e canta...
'Na vòcca ardente, sott' 'a luna 'argiento,
cerca 'na vòcca 'e fuoco p' 'a vasà...[3]
Po' 'e ssiente 'e fà:
«Fatte cchiù ccà!...»

Pigliatillo... Pigliatillo...
chistu core 'a piett'a me.
Io te dòngo 'o core mio,
tu mme daje 'o tujo a me...
Po' ll'aunimmo[4] tutt'e duje,
po' ll'aunimmo tutt'e duje...
e vedrai che nascerà
la felicità!

Pe'mezzo ch'è d' 'a classe d' 'o sittanta[5],
se crede 'o nonno mio, ca io nun 'o sento
quanno vicino â nonna fa 'o cascante[6]
e dice dolcemente: «Rusinè',
fatte vasà!...
Nun te scustà!...»

Pigliatillo... pigliatillo
chistu core 'a piett'a me.
Io te dòngo 'o core mio,
tu mme daje 'o tujo a me...
Po' ll'aunimmo tutt'e duje,
po' ll'aunimmo tutt'e duje...
e vedrai che nascerà
la felicità!

'Nnammuratella mia, mussillo astrinto[7],
damme treciento vase ogne mumento!...
Pìgliame 'mbraccia e còntame 'nu cunto[8],
famme addurmì, cuntento, 'mbracci'a te!
Famme sunnà...
Nun mme scetà![9]...

Pigliatillo... Pigliatillo
chistu core 'a piett'a me.
Io te dòngo 'o core mio,
tu mme daje 'o tujo a me...
Po' ll'aunimmo tutt'e duje,
po' ll'aunimmo tutt'e duje...
e vedrai che nascerà
la felicità!

---

1. Prenditelo, prenditelo.
2. Giardini.
3. Per baciarla.
4. Li uniamo.
5. Poiché è nato nel 1870.
6. Languido.
7. Musetto stretto.
8. Raccontami un racconto.
9. Non svegliarmi.

La sfida di un uomo alla vocazione religiosa che il papà e la famiglia tentano di imporgli. Lui però vuole spassarsela, ha nella testa una vita fatta di divertimenti. Per un'esistenza da prete proprio non si sente tagliato.

POZZO FÀ 'O PREVETE?[1]

(Russo – Valente)

I
Pe bbia d' 'o nonno ch'era cardinale,
guardate cca', papà s'è ncapunìto[2],
ma s'io me mperro[3], cca' fernesce male!
'O faccio muzzeca' nfaccia a 'stu dito[4]!
Ma ve pare ca so' fatte
p' e diune[5] 'e ppenitenze,
pe' fa 'a vita d' o' pecuozzo[6]
e penzare all'indulgenze?
Io so' ggiovene! Io so' nnato
pe ffa' ammore e me spassà!
so' chiammato p' 'o peccato!
Pozzo fà 'o prevete?
Bbu bba!

II
Io so' nnato pe' fà 'na bona vita!
Pe sta' sempre vicino a 'na ragazza
cu 'sta saluta (e già s'è deperita!)
dicite c'aggia fà? Pozzo fà 'a mazza?[7]
Ma pozz'ì dicenno[8] messe?
Ma so' tipo 'e predicà?
Dite voi: sarebbe 'o stesso

c' uno è muto e vo' parlà!
Io nun so' purtato affatto
pe' ttira'[9] sta vita cca!
Voglio carne int' 'o piatto
Pozzo fà 'o prevete?
BBu! Bba!

III
'Nu mese fa (sentite) sta carnetta[10]
è fuggita di casa travestita!
S'ha appicciata[11] 'na bona sigaretta
e è sciso int' 'o Salone Margherita.
Quanno è asciuta 'a Faraone[12]:
Burro! Burro! Quella llà!
Quant'è bbona! Quant'è bbona!
M' 'a vulesse… cunfessà!
Ave voglia 'o ggenitore,
de fa' 'o pazzo e de sparà.
Neh, ma fateme 'o favore!
Pozzo fà 'o prevete?
Bbu! Bba!

---

1. Posso fare il prete?
2. Si ostina.
3. M'arrabbio.
4. Gli farò mordere le mani.
5. Digiuni.
6. Laico che frequenta assiduamente la Chiesa.
7. Posso stare a vegetare inutilmente?
8. Andare a celebrare.
9. Condurre.
10. Questo tipo.
11. Ha acceso.
12. Formosa canzonettista dell'epoca.

Un uomo è ossessionato dal sospetto che la moglie lo tradisca. E gli indizi davvero non gli mancano. Trova tracce di una sigaretta, un pompiere nel bagno e un uomo nascosto sul balcone di casa sua. Per questo, minaccia una ricerca «intima» della verità.

REA CONFESSA
(Pisano – Cioffi)

I

Ho sentito in casa mia
non appena sono entrato
un odore di bruciato
ho pensato: che sarà?
Nella camera da letto
trovo ncopp'a culunnetta[1]
'nu mezzone 'e sigaretta
'nu mezzone? Comme va?
A mia moglie ho domandato
donna Ro' cca s'è fumato
lei tremante m'ha guardato
e è svenuta llà per llà
Rea confessa!
Rea confessa!
Io però cercherò, scruterò,
io però scruterò, fiuterò,
e la losca tresca certamente
scoprirò!
Cautamente.

II

Nella camera da bagno
ho trovato 'nu pumpiere
- ne' scusate, per piacere
voi che fate dentro qua?
- m'ha chiamato dal balcone
vostra moglie donna Rosa
si bruciava qualche cosa
so sagliuto[2] pe' pumpà.
Ma mia moglie rinvenuta
nel vederlo si fa rossa
e lle vene n'ata mossa[3],
nun se po' cchiù dubità
Rea confessa!
Rea confessa!
Io però cercherò, scruterò
io però scruterò, fiuterò,
e la losca tresca certamente
scoprirò!
Cautamente.

III

Vaco asci' fore[4] 'o balcone
trovo un uomo accovacciato
- mio signo' chi v'ha mannato?
Che facite fore cca?
- io volavo in aeroplano
e pe' cumbinazione
so' caduto int' 'o balcone.
- dite proprio 'a verità?
Ma mia moglie sopravviene
Caccia un urlo di spavento
E ave 'o terzo svenimento
La più nera infedeltà
Rea confessa!
Rea confessa!
Io però cercherò, scruterò
io però scruterò, fiuterò,
e la losca tresca certamente
scoprirò!
Cautamente.

1. Comodino.
2. Salito.
3. Un altro malore.
4. Esco fuori.

Il protagonista che ha questo curioso nome evoca insistentemente il suo intangibile onore di uomo. In realtà è dispostissimo a cedere la sua donna, purché dal tradimento gli venga un guadagno adeguato. Accetta la tresca col dentista, dal quale ha ricavato gratis la dentiera. Si scaglia sdegnato contro la scappatella della moglie col barbiere. Che favori può averne? Una barba e niente più.

TEOFILO PENNACCHIO

(Pisano – Cioffi)

Sull'onore non si scherza!
Sull'onore non si scherza!...
Nuje redimmo e pazziammo[1]
ma ll'onore nn' 'o tuccammo!
Pane e cacio,
pane e pane,
ma ll'onore
'nce ha da stà![2]
Cu Teòfilo Pennacchio
ce sta poco 'a pazzià![3]
...

Il motivo che mi ha indotto
a lasciarti, cuore ingrato,
è che tu hai calpestato
il vocabolo: «Onestà»...

Perdonai la leggerezza
col trattore Fidomanzo,
perché mi arrivava il pranzo
quattro o cinque volte al dì...

Chiusi gli occhi sull'affare
del dentista Latastiera
perché lui, questa dentiera,
nun mm'ha fatto maje pavà[4]...

Ma mo, no!...
Ora tu, brutta vigliacca,
mi hai toccato sull'onore
ed infanghi il mio casato
con un vil barbitonsore...

Ma mo, no!...
Questo fatto, cara moglie,
francamente non mi garba,
'nu barbiere, 'o mmeglio 'o mmeglio[5],
che mme fa? Mme fa 'na barba!

Non ti voglio genuflessa,
No! No!
Non ti chiedo un pentimento,

No! No!
Per lo meno, stu barbiere,
mme facesse 'abbonamento!
E si no po', 'a verità,
non c'è proprio dignità!

Sull'onore non si scherza!
sull'onore non si scherza...
Nuje redimmo e pazziammo
ma ll'onore nn' 'o tuccammo!
Pane e cacio,
pane e pane,
ma ll'onore
'nce ha da stà!
Cu Teòfilo Pennacchio,
ce sta poco 'a pazzià!

Il motivo che mi ha indotto
a gridar come un ossesso
è che tu, senza permesso
jesce e vaje 'a ccà e 'a llà!

Te 'ncucciaje[6], pe' Via dei Mille,
con il sarto Balzerotto...
lui mi fece 'nu cappotto
e la rabbia se ne andò...

'O cappotto, sissignore,
ma il sergente Saccarina
mm'ha mannato 'na cinquina...
'a putevo rifiutà?!

Ma mo, no!...
Ora tu, moglie incosciente,
senza l'ombra del dovere,
ti fai metter gli occhi addosso
da un qualunque canteniere?![7]

Ma mo, no!...
Questo fatto, o mia consorte,
è una cosa assai noiosa...
Che mme dà 'nu canteniere?
Miezu litro e 'na gassosa?

Io non dico comprà i dolci...
No! No!...
Caccià i soldi dalla tasca...
No! No!...
Ma dich'io, che ce refonne[8]
si mme manna 'o vino a Pasca?[9]
E si no, po', 'a verità,
non c'è proprio dignità!

Sull'onore non si scherza...
sull'onore non si scherza...

Il motivo che mi ha indotto
a parlar col mio legale,
è perché non è morale
la condotta tua con me:

T'incontrai, 'na sera 'e maggio,
col tenore Catafalchi...
ma mme dette duje o tre palchi
e io dicette: «Bèh, va bè'!»

T'incontrai tre sere dopo
col baritono Sciasciòne...
ma mme dette doje pultrone
e io dicette: «Lascia andà!»

Ma mo, no!...
Ora tu, brutta carogna,
senza scuorno[10], senza duolo,
te ne vaje p' 'e Ponte Russe[11]
con un vile pizzajuolo!

Ma mo, no!...
Questo fatto, cara moglie,
ti assicuro che mi adìra...
Che mme dà 'nu pizzajuolo?...
'Na pezzélla 'e meza lira?![12]

Io non chiedo mari e monti...
No! No!...
Io non sono esagerato...
No! No!...
ma mme spetta o nun mme spetta
'nu cazone 'mbuttunato?![13]
E si no, po', 'a verità,
non c'è proprio dignità!

---

1. Ridiamo e scherziamo.
2. Ci dev'essere.
3. C'è poco da scherzare.
4. Non me l'ha mai fatta pagare.
5. Nella migliore delle ipotesi.
6. Ti beccai.
7. Oste.
8. Che ci rimette?
9. Pasqua.
10. Vergogna.
11. Ponti Rossi [zona di Napoli].
12. Una pizzetta da mezza lira?
13. Una pizza ripiena.

Tema classico del matrimonio che ammazza la passione e che in questo caso trasforma l'amata diventata moglie in un «mellone uscito bianco». Il pezzo fu portato al successo da Carosone.

T'È PIACIUTA
(Capillo – Rendine)

Dopo i confetti,
sò' asciute[1] 'e difetti...
Caro Giovanni,
mo che ce vuò' fà?
Se riflettevi,
se bene puntavi,
tutte sti guaje
nun stive a passà!

Mo chiagne e te dispiere
e haje voglia d'alluccà:[2]
Ccà nun ce sta 'o divorzio
e tu te ll'hê 'a zucà[3]...

T'è piaciuta?...
T'è piaciuta?...
Tienatella cara cara!
T' 'a purtaste sull'altare,
sott' 'o braccio, 'nziem 'a te...
Mo ti vedo afflitto e stanco:
«Sù, coraggio... ué Giuvà'!
Se il mellone è uscito bianco,
mo cu chi t' 'a vuò piglià?!»

Ma che sei matto?
Non dormi nel letto!
Dint' 'a pultrona
tu dormi perché...
Dice che 'a notte,
la sposa è più brutta:
'Na capa[4] 'e morte
te pare 'e vedé!

'A dote ch'ha purtato,
nemmeno cchiù ce sta...
Te ll'hê pigliata brutta
e niente sape fà!

T'è piaciuta?
T'è piaciuta?
Tienatella cara cara!
T' 'a purtaste sull'altare,
sott' 'o braccio, 'nziem'a te...
Mo ti vedo afflitto e stanco:
«Sù, coraggio... ué Giuvà'!
Se il mellone è uscito bianco,
mo cu chi t' 'a vuò piglià?!»

---

1. Usciti.
2. Di gridare.
3. E tu la devi sopportare.
4. Testa.

Uno dei grandi successi di Renato Carosone. Il personaggio della canzone ama vestire come un torero e farsi credere uno spagnolo autentico.

TORERO

(Nisa – Carosone)

Tu pierde 'o suonno 'ncopp'[1] 'e giurnalette,
e màmmeta minaccia,
e pàteto s'arraggia[2]...
Te fanno girà 'a capa[3] sti fumette,
guardànnote 'int' 'o specchio,
vuoi fare il toreador!
Come fanno a Santa Fe,
come fanno ad «Ollivud[4]»...
e cu 'sta scusa, oje ni',
nun studie cchiù...

Oh, torero!...
Te si' piazzato 'ncapa stu sombrero,
dice ca si' spagnuolo e nun è overo,
cu 'e nnacchere 'int' 'a sacca[5] vaje a abballà...
mescolando 'o bolero e 'o «ccia-ccià»
chi vuò' 'mbruglià?
Torero!
Cu sti bbasette 'a sud-americano,
cu 'nu sicario[6] Avana e 'a cammesella[7] 'e picchè,
Torero!...
Torero!...
Olé!...

T'hê fatto 'a giacchettella corta corta,
'o cazunciello[8] astritto,
e 'o ricciulillo 'nfronte...
Te ride 'a gente arreto[9] e nun te 'mporta,
ti senti un Marlon Brando,
che a spasso se ne va...
Per le vie di Santa Fe,
per le strade di «Ollivud»
e 'a 'nnammurata toja
nun te vò' cchiù!

Oh, torero!

Oh, torero!
E levatillo 'a capa stu sombrero!
Nun si 'spagnuolo e nun si' caballero...
Sti nnacchere tu nun 'e ssaje sunà[10]!...
'E sti nnacchere, tu che n'hê 'a fà[11],
bello 'e mammà?!
Torero!
Cu sti bbasette 'a sud-americano,
cu 'nu sicario avana e 'a cammesella 'e picchè...
Torero!...
Torero!...
Olé!...

---

1. Sopra.
2. Si arrabbia.
3. La testa.
4. Hollywood.
5. Nella tasca.
6. Sigaro.
7. Camicetta.
8. Calzoncino.
9. Dietro.
10. Non le sai suonare.
11. Cosa devi farne.

La vita grama di un tramviere alle prese con la varia umanità che sale a bordo del suo tram e con il trolley[1] *che continuamente scappa e costringe il veicolo a fermarsi.*

IL TRAMVIERE
(Pisano – Cioffi)

Signori boglietti!!
Chi è senza boglietto?
Per favore andate avanti,
che c'è posto in corridoio!
Sto alluccann'[2] 'a stammatina,
mpont 'e sette e songh 'e doje[3].
Milita' scennite alloc'[4],
nun se sta' ncopp' 'o staffone![5]
Mio signo' se scenne annanze[6],
s'è asseccat' 'o cannarone![7]
So venut' ncopp'[8] e tram,
ca pesavo 'nu quintale
ma si vaco 'e chistu passo,
me ricovero 'o spitale!
Jamm'[9] avanti! Tiene mmane![10]
'Nu mument arap'[11] 'a porta,
ca 'o signore adda saglì[12],
«ma chi è ?», nun 'o cunusce?
è l'ispettore Guardarulo
pe tramente rice chest'[13],
scappa 'o troll e te ha fermà![14]
Chi sa fire e fa'[15] sta vita,
io mi debbo licenzià...
Jamme annanze... jamme aret'[16]...

ma aro' jamme?... aro' vuò tu![17]
nun me fire proprio cchiu'![18]
Scapp 'o troll n'ata vota,
tiene mmano a funa e' corta,
tiene mmano 'o troll e' stuort',
Uh, mannaggia chi t'e'... bbive[19],
io mi debbo licenzia'!
È 'na pena, 'nu turmiento,
'na turtura quann' viagg'
po c'e' stann e giuvinotte,
ca se piglian' 'e passagg'[20]... eh!!
L'altro giorno in corridoio,
stev' affianco 'a 'na «bambina»,
'nu studente dint' 'a folla
me scambiaje pa' signurina....
«Mio signo' te vuò stà fermo,
ije nun songh' 'a signurina...
nun o vire[21] ca 'o cazone[22]
me le fatto 'na mappina[23]?»
Jamme annanze! Tiene mmane!
Lei il biglietto se l'e'fatto?
«Neh, ma che mo faccio a fa'?
se l'ha fatto tanta gente...
nun mo faccio, stongo ije sulo...»
Pe tramente dice chest',
scappa 'o troll' 'e te ha ferma'!
Chi sa fire 'e fa' sta vita,
io mi debbo licenzia'...
Jamme annanze... jamme aret'...
ma aro' jamme ? aro' vuò tu!
nun me fire proprio cchiu'!
Scappa 'o troll n'ata vota,
tiene mmano a funa e' corta,

tiene mmano 'o troll e' stuort'
Uh, mannaggia chi t'e'... bbive,
io mi debbo licenzia'!
Stamattina saglie in tram,
una cafona[24] con due pacchi
doje mappate[25], quatte ceste,
'na valigia e cinque sacchi
ha occupato 'a piattaforma
tutta quanta: sana[26], sana
Tutt 'a rroba nun ce' capeva[27],
e m'ha dat' 'e pacc' mmano!
M'ha pigliato[28] p'o facchino...?!
bella fe'[29] ca ije te ne caccio,
si me daje sti pacc' mmano,
ije 'e bigliett' comme 'e faccio ?
Jamme avanti! Tiene mmano!
Aro' jate[30] cu sti sporte[31]?
Giuvino', che avimma fà?[32]
Chella e' rroba ca se magna,
songh cicere e fasule[33]...
Pe tramente dice chest,
scappa 'o troll e te ha fermà!
Chi sa fire 'e fa sta vita,
io mi debbo licenzià!
Jamme annanz... jamme aret'...
ma aro' jamme ?... aro' vuò tu!
nun me fire proprio cchiu!
Scappa 'o troll n'ata vota,
tiene mmano 'a funa e' corta
tiene mmano 'o troll e' stuort'
Uh, mannaggia chi t'e'... bive
io mi debbo licenzià!!

1. Il trolley [termine inglese che vuol dire carrello] è in italiano l'asta di captazione: un dispositivo di legno o metallo che teneva collegato il veicolo – tram o filobus – alle linee aeree di alimentazione.
2. Gridando.
3. Dalle sette in punto fino ad ora che sono le due.
4. Soldato, scenda da lì.
5. Non si può stare sulla staffa.
6. Davanti.
7. Mi si è seccata la gola.
8. Sopra.
9. Andiamo.
10. Trattieni.
11. Apri.
12. Deve salire.
13. Mentre sta dicendo ciò.
14. Si sgancia il trolley e devi fermarti.
15. Chi se la sente di fare.
16. Dietro.
17. Ma dove andiamo?... Dove vuoi tu!
18. Non ce la faccio proprio più.
19. Accidenti a te.
20. Allungano le mani.
21. Non vedi.
22. Pantaloni.
23. Me l'hai sgualcito.
24. Una provinciale.
25. Recipienti.
26. Intera.
27. Non ci entrava.
28. Mi ha preso.
29. Bella femmina.
30. Dove andate.
31. Grosse ceste.
32. Che dobbiamo fare?
33. Ceci e fagioli.

Qualcuno si reca dal maresciallo per denunciare Carmilina, donna fatale che seduce tutti gli uomini del paese, riesce a stregarli e tenerli alla sua mercè. La spiata non ha il successo sperato, neppure il maresciallo è sfuggito a Carmilina.

TUPPE TUPPE MARISCIÀ
(De Mura – Gigante)

I
Nisciuno cchiù fatica a stu paese,
songo arze[1] 'e tterre, 'e ppiante sò' seccate.
'A gente nun ragiona... è già 'nu mese...
'sta cosa nun pò ghì[2],
no, nun pò ghì... no...
e si nisciuno parla, mo parl'i'...

Tuppe-tuppe mariscià...
arapite, so' 'n amico...
Mo ve conto[3], mo ve dico
pecché sò' venuto ccà...
Tuppe-tuppe mariscià...
arapite mariscià'!

'A sapite a Carmilina
ca sta 'e casa 'ncopp' 'a scesa[4]?
È 'na mala chiappa 'e 'mpesa[5]
vuje ll'avit' 'a fà arrestà!
Mo ve dico mariscià...
mo ve conto mariscià...

Nisciun'ommo 'e stu paese
da Carmela s'è salvato...
Ogneduno è affatturato[6]
pe' 'nu vaso[7] ch'essa dà...
Jammo, ja'[8],
Mariscià'...

Pe' capriccio e no' p'ammore,
cu 'nu vaso 'e fuoco ardente,
avvelena a tanta gente:
nun 'e fà cchiù raggiuna'!
E 'na legge nun ce sta?
Pruvvedite mariscià...

II
'Ntuono[9] 'e Cuncetta, Mineco[10], Pascale...
Vicienzo, Ciro... sò' arredutte mieze[11]...
'O farmacista e 'a giunta comunale,

nun sanno cchiù parlà...
no, cchiù parlà... no...
che guajo pe' stu paese mariscià!

Tuppe-tuppe mariscià...
arapite, so' 'n amico...
Mo ve conto, mo ve dico
pecché sò' venuto ccà...
Tuppe-tuppe mariscià...
arapite mariscià!

Finale:
Mariscià' vuje nun parlate?
Ma pecché nun rispunnite?
Mariscià'... che ve sentite?
Nun 'ngarrate[12] cchiù a parlà?!...
Pure vuje v'ît' 'a curà[13]...

Bonanotte, mariscià!...

---

1. Arse.
2. Non può andare.
3. Racconto.
4. Sopra la discesa.
5. È una poco di buono.
6. Stregato.
7. Bacio.
8. Andiamo, dai.
9. Antonio.
10. Domenico.
11. Ridotti a metà.
12. Riuscite.
13. Dovete curarvi.

I primi jeans indossati a Napoli.

TU VUÒ FÀ L'AMERICANO
(Nisa – Carosone)

I

Puorte 'e cazune[1] cu 'nu stemma arreto[2]...
'Na cuppulella cu 'a visiera aizata...
Passe scampanianno[3] pe' Tuleto[4],
comm'a 'nu guappo, pe' te fa' guardà!...
Tu vuò fà ll'americano,
'mericano, 'mericano...
Siente a me chi t' 'o ffa fà?
Tu vuoi vivere alla moda,
ma se bevi whisky and soda,
po' te siente 'e disturbà...
Tu abballe 'o rock and roll,
tu giochi a baseball...
Ma 'e solde p' 'e Ccamel,
chi te li dà?
La borsetta di mammà!?
Tu vuò fà ll'americano,
'mericano, 'mericano,
ma si' nato in Italy!
Siente a me: nun ce sta niente 'a fa'...
Okay, napulitan'!
Tu vuò fà ll'american!
Tu vuò fà ll'american!

II

Comme te pò capi' chi te vò bene,
si tu lle parle miezo americano?
Quanno se fa ll'ammore sott' 'a luna,
comme te vene 'ncapa[5] 'e dì «I love you»?

Tu vuò fà ll'americano,
'mericano, 'mericano,

ma si' nato in Italy!
Siente a me: nun ce sta niente 'a fa'...
Okay, napulitan'!
Tu vuò fà ll'american!
Tu vuò fà ll'american!

---

1. Pantaloni.
2. Dietro.
3. Strombazzando.
4. Via Toledo, strada del centro di Napoli.
5. In testa.

Malizioso reportage di una villeggiatura caprese, durante la quale il protagonista nasconde il proprio virile potere di seduzione dietro l'apparizione di un pescecane, capace di impressionare le tante straniere in vacanza sull'isola.

VILLEGGIATURA A CAPRI
(Armando Gill)

I
Sono stato un mese a Capri a villeggiare
tra la grotta azzurra i faraglioni e il mare
e in mezzo a quella vita, così cosmopolite
io ne ho viste crude e cotte tanto il giorno che la notte.
Bellezze francesi, scozzesi, inglesi, american,
donnine di tutti i paesi e pescican
mi parea il Grand Hotel, una tour de Babel.
A table d'hote ed all'ora del the
vesti corte sbraccè, decollete
dopo sul jazz foxtrot shimmy
very well me gusta, ja, oui.
Poi col chiaror lunar, sperduti accanto al mar
Sentivate al suon di un valzer blu: ciù ciù.

II
Mentre i vecchi se ne stavano a giocare,
e i mariti di politica a parlare,
le miss foxtrottavano, le mademoiselle fumavano,
era in piene sue funzion la Società delle Nazion.
Ma quando per farmi notare cantai qualcosa al pian,
da donne mi vidi accerchiare in modo stran;
e io dicette accussì: ccà me fanno murì!

Tutte sbraccé decolletè scozzeté
Ciente femmene attuorno a mme,
e s'embrugliavano 'e llengue accussì[1]:
Very well, me gusta, yes, oui!
Tanto ca mme stunaie[2], chissà che cumbinaie,
che una francesina a un tratto mi gridò: cochon!

III
La mattina appreso sulla spiaggia, ahimè
Cento sguardi fissi stavan su di me,
a un tratto un gran fermento, dei gridi di spavento,
s'era visto un grosso squalo poco lungi dallo scalo.
E chi in camicetta scappò, chi nuda o in costumin,
e io mi trovai con sei donne nel camerin,
meno male però che lo squal si pescò!
Quel che successe io non so raccontar,
tutte corsero a curiosar,
chi lo guardò, chi se ne spaventò e chi se lo fotografò.
E per un mese intier tutte le forestier,
non palavan d'altro che del pescecan, «talian»!

Per finire:
A Capri le stranier
Parton con dispiacer
Non potendo mai d'Italia il cielo e il mar
Scordar!

---

1. E perciò si mescolavano le varie lingue.
2. Ero assordato.

INDICE DELLE CANZONI

'A casciaforte 130
'A cura 'e mammà 132
Agata 134
Al mare 136
'A lucerna 'e mammà 138
Arcangelo Bottiglia 140
'A risa 142
Arrabbiati canaglia 144
'A tazza 'e cafè 146
'A trumbetta 'a Vicaria 148
Attenti alle donne 150
Caccavella, La 152
Cammesella, La 153
Canto malinconico 156
Caravan Petrol 157
Cavaliere del lavoro, Il 159
Che calze vuo'? 161
Chiara 163
Chiarina mia 165
Chitarrata accatarrata 167
Ciccio Formaggio 170
Ciucculatina mia 173
Clementina Santafè 175
Collettivista, Il 177
Come son nervoso 179
Cupido questo ti fa' 181
Cuscritto 'nnammurato 183
Don Carluccio 185
Donna al volante, La 188
Donn' Ama' 190
Don Saverio 192
Dove sta Zazà 194
Due gemelli, I 196
E allora 198
Elegante, L' 201
E non sta bene 202
Fatte fà 'a foto 204
Fatte pittà 206
Flauto di Pellico, Il 208
Fra' Brasciola 210
Fravula fra' 212
Gasparì 214
Giuvanne cu 'a chitarra 216
Innamorato pazzo, L' 218
Io, mammeta e tu 220
Laureato in medicina 224
L'hai voluto tu 226
Lily Kangy 228
Madro, Il 230
M'aggia curà 232

Manicurista, La 234
Ma ve pare, ve pare, ve pa' 237
Mazza, Pezza e Pizzo 240
Mio carissimo Pasquale 242
Mio pizzo, Il 244
Miss mia cara Miss 246
'N accordo in Fa 248
Ninì Tirabusciò 250
Non tosto 252
'O bizzuoco fauzo 254
Oilì oilà 256
'O jettatore 258
'O presidente 261
'O rusecatore 263
'O russo e 'a rossa 265
'O suspiro 267
Pansé, La 269
Pasquale militare 271
Pienzece buono Ciccillo mio 273
Pigliate 'na pastiglia 275
Pigliatillo pigliatillo 278
Pozzo fà 'o prevete 280
Rea confessa 282
Teofilo Pennacchio 284
T'è piaciuta 287
Torero 289
Tramviere, il 291
Tuppe tutte mariscià 295
Tu vuò fà l'americano 297
Villeggiatura a Capri 299

È d'uopo ringraziare quanti ci sono stati vicini per la realizzazione di quest'opera. In primis Renzo Arbore che ha ideato il progetto, risvegliandoci dal nostro atavico letargo napoletano. Un grazie a Cristina Lupoli e Helga Rainer, che con pazienza ne hanno seguito la crescita quasi giornaliermente suggerendo e mettendoci in condizioni di parlare a una platea più internazionale e non solo a quella ristretta di Napoli. Un grazie vada anche al dott. Mauro Giangaspro, direttore della Biblioteca Nazionale di Napoli, il quale mi ha consentito l'accesso a documenti unici che ho prontamente riportato nel testo. Grazie ancora a Gustavo Affinita, per il suo paziente lavoro, e alla mia dolce Maly, che mi ha sopportato per tutto il tempo che ho impiegato nella stesura del libro. Grazie a Rosaria, amorevole moglie e compagna di vita di Vittorio, che lo ha aiutato nella scrittura e a mantenere i rapporti via mail con tutti. Un affettuoso ricordo a mia madre che ha visto l'inizio di quest'opera, ma non ha potuto vederne la conclusione. In ultimo un grazie a tutti coloro che si avvicineranno a *Come si ride a Napoli!* e che lo faranno conoscere ai loro amici.

Carlo Missaglia e *Vittorio Marsiglia*

Stampato nell'ottobre 2010
per conto di Baldini Castoldi Dalai *editore* S.p.A.
da *Grafica Veneta* S.p.A. - Trebaseleghe (PD)

763-2
2010